쿼크, 카오스, 그리스도교

종교와 과학에 관한 질문들

존 폴킹혼 지음 · 우종학 옮김

Quarks, Chaos & Christianity

쿼크, 카오스, 그리스도교
종교와 과학에 관한 질문들

존 폴킹혼 지음 · 우종학 옮김

비아

| 차례 |

일러두기

· * 표시는 독자의 이해를 돕기 위해 옮긴이와 편집자가 단 주석입니다.

· 성서 표기와 인용은 원칙적으로 『공동번역개정판』(1999)을 따르되 원문과 지나치게 차이가 날 경우에는 대한성서공회판 『새번역』(2001)을 따랐으며 한국어 성서가 모두 원문과 차이가 날 경우에는 옮긴이가 임의로 옮겼음을 밝힙니다.

· 단행본 서적의 경우 『 』표기를, 논문이나 글의 경우 「 」, 음악 작품이나 미술 작품의 경우 《 》표기를 사용했습니다.

들어가며

　과학자인 동시에 성공회 사제로서 저는 세계를 보는 과학과 종교의 관점이 서로 어떤 관계에 있는지를 이해하려 노력해왔습니다. 우리는 과학과 종교 둘 중 하나를 선택해야 할까요? 아니면 두 관점은 상호 보완적이어서 함께일 때 각 관점이 그리는 것보다 더 온전한 그림을 그릴 수 있게 해 줄까요? 생각을 정리하는 가장 좋은 방법은 글을 쓰는 것입니다. 고인이 된 존 로빈슨John Robinson* 주교는 일전에 제게 손

---

* 존 로빈슨(1919~1983)은 성공회 주교이자 신약학자다. 케임브리지 대학교 지저스 칼리지와 트리니티 칼리지에서 공부했으며 성공회 사제 서품을 받았다. 케임브리지 대학교에서 신학을 가르쳤으며 케임브리

에 펜을 들지 않고는 제대로 생각을 할 수 없다고 말한 적이 있습니다. 저는 그 말이 무슨 뜻인지를 잘 압니다. 그 때문에 저는 이제껏 그 질문을 다양한 각도에서 다루는 여러 책을 저술해 왔습니다.

지금까지 제가 저술한 대다수 책은 신앙과 과학의 한두 가지 특징을 집중적으로 다루었기에, 전체 맥락을 잡을 수 있는 개관을 제공해 줄 필요가 있었습니다. 그래서 저는 이 책을 쓰기로 했습니다. 이는 예전에 다루었던 세부 논의를 반복하지 않으면서 이 주제의 주요 논점을 짚어 볼 기회가 될 것입니다. 그동안 저는 이 주제에 대해 많은 강연을 해 왔고, 강연 후 이어지는 토론은 무척 즐거웠습니다. 이런 경험을 통해 저는 대중이 궁금해하는 주요 질문들이 무엇인지, 그들이 필요로 하는 통찰이 무엇인지를 어느 정도 알 수 있었습니다. 과학과 종교는 모두 필요하며, 서로에게 많은 것을 가르쳐 줄 수 있습니다. 저는 정말 그렇게 생각합니다.

지 대학교 클레어 칼리지의 교목실장, 사우스워크 주교를 거쳐 1959년 울리치의 주교가 되었고 1969년 케임브리지 대학교 트리니티 칼리지로 돌아와 신학 강의와 사목 활동을 병행하다 세상을 떠났다. 주로 신약학 저술을 남겼지만 1963년 현대의 하느님 문제를 다룬 『신에게 솔직히』Honest to God(대한기독교서회)는 그에게 커다란 명성과 동시에 논쟁을 불러일으켰다. 주요 저서로 『예수와 그의 도래』Jesus and His Coming, 『요한의 우선성』The Priority of John 등이 있다.

우리가 과학과 종교라는 주제를 두고 서로 대화를 나누는데 이 책이 도움을 주기를 바랍니다. 저는 과학과 종교라는 두 관점으로 실재를 보는 '두 개의 눈을 가진 사람'two-eyed(제가 즐겨 쓰는 표현)입니다. 이런 쌍안경의 시야가 한 눈으로만 보는 것보다 훨씬 더 많은 것을 볼 수 있게 해준다고 저는 믿습니다.

저는 '모태 그리스도인'으로 그리스도교 가정에서 자랐고, 예배를 드리는 믿음의 공동체에 줄곧 속해 있었습니다. 그렇게 과학자이자 그리스도교인으로 살아오면서 알게 된 것이 있습니다. 훌륭한 과학 이론이 우리의 상상력을 넓혀주고 무언가를 이해하려는 지적 욕구를 채워주는 만큼이나, 정통 그리스도교 신앙도 놀랍고 흥미진진합니다. 직업적 생애의 대부분을 이론물리학자로 보내다 떠난 것도 물리학에 흥미를 잃거나 환멸을 느껴서가 아니라, 그 속에서 제 역할을 다 했고 이제 뭔가 다른 일을 할 때가 왔다고 느꼈기 때문이었습니다. 저는 과학과 종교 모두를 진지하게 다루어야 한다고 생각합니다. 과학과 종교는 적이 아니라 지식을 탐구하는 공통의 과업을 함께하는 친구입니다.

이런 주장에 놀라는 분들도 있을 것입니다. 종교적 믿음은 구식이라는 생각, 혹은 이 과학 시대에 종교적 믿음을 갖는다는 것은 불가능하다는 생각이 우리 사회 전반에 깔려 있기 때문입니다. 하지만 저는 이에 동의하지 않습니다. 이른바 과학 시대에 사는 사람들도 과학에 대해 자신들이 지금 아는 것보다 더 알게 된다면 저의 의견에 쉽게 동의하리라 생각합니다. 이 책은 바로 이러한 주장에 대해 변론하려 합니다.

01

사실인가? 의견인가?

과학은 정말 굉장합니다. 우리는 모두 과학의 성공에서 유익을 얻습니다. 의학의 발달 덕에 저는 20년 전 심각한 병에서 살아날 수 있었습니다. 의학이 없었다면 저는 이 책을 집필하지 못했을 것입니다. 바로 지금도 저는 세련된 워드 프로세서의 온갖 기능을 활용해 원고를 쓰고 있습니다. 우리는 과학의 발전으로 가능해진 새로운 것들을 매일 매일 쓰고 있습니다.

과학은 또한 우리의 지성을 밝혀주고 우리의 상상력을 넓혀줍니다. 우리는 과학 덕에 최소한 100억의 1조 배 이상의 별들이 존재하는 우주에서, 평범한 별 하나의 주위를 돌고 있는 평범한 행성에 살고 있음을 압니다. 이 우주는 한때 지금과는 매우 다른 모습이었으며, 매우 긴 역사, 즉 140억 년 전으로 거슬러 올라가는 역사가 있으며, 대폭발Big Bang이라는 작열하는 폭발이 우주 탄생의 계기가 되었음도 압니다. 과학은 왜 별들이 빛을 내고, 왜 물은 축축하며, 어떻게 유전자 정보가 한 세대에서 다른 세대로 전달되는지 가르쳐 줍니다. 과학은 경이로운 성취의 이야기입니다. 과학이 제공하는 답에는 우리 모두 동의할 수 있습니다. 아마도 그 점이 과학의 가장 멋진 점일 것입니다. 과학은 명확한 답을 제시합니다. 그 답은 보편적으로 만족할 만한 것입니다.

과학과 종교는 현저한 대조를 이룹니다. 이를 부인하는 것은 어리석은 일입니다. 가장 기본적인 종교적 질문 즉, "신은 존재하는가?"와 같은 질문에 모두가 동의할 수 있는 답은 없습니다. 서로 다른 종교적 신념이 모두 가리키는 공통된 영적 경험이 있지만, 그 경험에 관한 해석은 제각기 다릅니다. "각 개인은 유일한 가치가 있는가? 각 인간은 모두 제각기 중요한가?"(유대교, 그리스도교, 이슬람교), "삶은 허상에 지나지 않는가?"(불교), "인생은 환생을 통해서 계속 반복되는가?"(힌두교), "고통은 받아들여야 하는 것인가, 아니면 피해야 하는 것인가?" 등이 그렇습니다.

많은 이가 이와 관련해 분명한 결론을 내릴 수 있다고 생각합니다. 과학은 사실을 바탕으로 하고 참지식으로 인도하지만, 종교는 그저 의견에 기반을 둔 것에 불과하다고 말이지요. 그런 이들은 손쉽게 말합니다. "종교도 우리 삶에 도움을 줄 수 있습니다. 종교가 '저에게' 혹은 '당신에게' 진리일 수도 있습니다. 그러나 종교적 진리는 명백한 진리, 순전한 진리, 순수한 진리는 아닙니다." 하지만 이는 근본적인 실수이자, 커다란 재앙입니다. 저는 그렇게 믿습니다. 종교가 정말 그런 것이라면, 저는 종교를 갖지 않았을 것입니다. 개인의 허상에 불과한 무엇이 어떻게 우리의 삶에 실제적인 도움을 줄 수 있겠습니까? 진리만이 우리 삶의 참된 근거, 죽음을 직면할 기반이 될 수 있습니다.

과학과 종교의 충돌은 사실과 순수 의견의 충돌이 아닙니다. 우리가 이런 잘못된 결론에 이르는 것은 종교와 과학 둘 모두를 오해하는 데서 기인합니다. 먼저 과학에 대한 오해를 살펴봅시다. 과학의 진보에 관해서 많은 사람은 다음과 같은 인상을 갖고 있습니다. 'X를 첨가하면 어떤 액체가 녹색으로 변한다'는 식의 예측을 먼저 하고 그다음 실험을 진행한 뒤 실제로 액체가 녹색으로 변함을 확인하는 식으로 위대하고 새로운 발견이 이루어진다고 여기지요. 하지만 과학의 세계에서 실제로 일어나는 일은 이보다 훨씬 더 미묘하고 흥미롭습니다. 첫째, 과학자들이 다루는 사실은 이미 '해석된' 사실입니다. 대부분 경우 과학자들은 무슨 일이 일어나는지 직접 볼 수 없습니다. 보이는 것들만을 토대로 추론을 해야 하는데, 그 추론을 위해서는 이론적 해석을 사용해야만 합니다. 과학자가 아닌 이들에게 이와 관련된 적절한 예를 들어주기도 상당히 어렵습니다. 현대 과학의 기구들이 매우 복잡하고 전문적이기 때문입니다.

이러한 사실은 실험을 이해하려면 이론을 알아야만 한다는 점(제 논지가 그것입니다)을 잘 드러냅니다. 전자장비들이 얼마나 복잡한지를 설명하며 거들먹거리기보다는 그림 하나를 제시해 보겠습니다. 이 그림은 제가 오랫동안 몸담아온 입자물리학(물질의 가장 작은 단위들을 다루는 학문)에서 흔히 사용하는 기구의 내부에서 물체가 움직이는 경로를 찍은 사진을 재현한 것입니다. 이 거품 상자(방사선 등의 경로를 관측하기 위한 실험장치)라고 불리는 기구 안에는 막 끓기 시작한 액체가 담겨 있습니다. 이 액체를 관통하는 입자는 계속해 작은 거품을 만들어내고 그 거품을 통해 우리는 입자의 경로를 볼 수 있습니다. 흡사 맥주잔에서 거품이 올라오는 것과 비슷한데, 실제로 이 기구를 발명한 사람은 점심시간에 맥주

그림 1 거품 상자에서 보이는 바를 단순화한 그림

한 잔 마시며 생각에 잠겨 있던 중 아이디어를 얻었다고 합니다. 거품 상자의 사진은 복잡한 곡선과 나선들이 패턴을 이루는 여러 궤적을 보여줍니다. 그림 1은 그런 사진을 단순화한 그림입니다.

물론 우리는 궤적 하나하나를 집요하게 좇아가며 궤적이 어떤 모양을 그리는지 알아낼 수 있습니다. 하지만 그런 노력은 과학적으로 전혀 흥미롭지 않습니다. '어떤 입자가 어떤 속도로 움직이다가 거품 상자 안에 걸려 있는 강한 자기장 때문에 곡선을 그리게 되었다'는 식의 해석이 부여될 때에만 이런 궤적들은 의미를 얻게 됩니다. 그제야 그 모든 사실이 의미 있고 흥미롭게 되는 것입니다. 한번은 어떤 사진 하나를 본 일이 있는데, 실험자들이 그 사진의 중요성을 설명해주고 나서야 그 사진이 완전히 새로운 입자의 존재를 보여준다는 걸 알게 되었습니다. 상당히 흥미진진한 일입니다. 해석이 없다면 그 사진은 단지 뒤죽박죽인 그림에 불과했을 것입니다.

자, 문제는 바로 이것입니다. 해석을 하려면 먼저 과학을 어느 정도는 알아야 합니다. 세상을 그냥 노려보고만 있다고 보이는 것이 아닙니다. 우리는 어떤 관점을 선택하고 그 관점으로 세상을 봅니다. 그리고 한 가지 관점을 택한다는 것은 '어떤 사건, 혹은 사물은 이럴 것'이라고 한쪽을 선택하는 것입니다. 이는 그 자체로 중요한 것을 걸고 내기를 하는 것과 같은 과감한 지적 행위입니다. 즉 과학에서도 실험과 이론, 사실과 해석은 언제나 서로 섞여 있습니다. 이 책에 있는 문장과 잉크가 서로 분리될 수 없듯 둘은 떨어질 수 없습니다.

과학자들은 '눈 뒤에 안경'을 쓰고 있다는 말이 있습니다. 과학자들에게는 '무엇'을 보느냐의 문제뿐만 아니라 '어떻게' 보느냐의 문제가 중요하다는 뜻이지요. 달리 말하면, 과학에는 사실과 의견이 섞여 있습니다. 물론 의견에는 근거가 있기 마련이고, 근거가 적절하지 못하다면 그 의견은 수정할 수 있습니다. 하지만 의견 없이 과학을 할 수는 없습니다.

이 외에도 위 내용을 뒷받침하는 이유가 더 있습니다. 거품 상자 사진에는 실험과 전혀 무관한 흔적이 나타나곤 합니다. 아마도 우주선cosmic rays(끊임없이 우주에서 지구로 떨어지는 방사선)에 의해 우연히 발생되는 흔적일 것입니다. 그림1에서 수평으로 보이는 선과 중요해 보이는 V자형 궤적이 이런 예에 해당합니다. 실제로 일어나는 일을 정확히 해석하려면 이처럼 잘못된 흔적을 찾아내 제거해야 합니다. 과학에서는 이를 '배경'의 문제라고 부릅니다. 하지만 이와 같은 요소, 원하지 않는 부가 요인들을 어떻게 제거해야 하는지를 알려주는 교과서는 없습니다. 그것은 결국 과학자의 판단에 달린 문제, 궁극적으로는 그가 정보에 근거해 어떤 '의견'을 제시하느냐의 문제입니다. 그는 배경의 문제가 성공적으로 해결되었는지를 판단해야 합니다. 이 문제와 관련해 실수를 저지르고 잘못된 결론을 내린 끔찍한 이야기는 너무나도 많습니다.

때로는 이상한 효과가 나오는 것을 보고 예상치 못한 배경 때문에 생기지는 않았나 질문을 던져서 놀라운 성공을 거둘 때도 있습니다. 18세기 천문학자들은 천왕성이 뉴턴의 중력 이론의 예측대로 움직이지 않는다는 사실을 발견했습니다. 그러나 뉴턴의 이론이 너무도 아름답고 효과적이었기에 아무런 고민도 하지 않고 이론을 포기할 수는 없었지요. 영국의 애덤스John Couch Adams*와 프랑스의 르베리에Urbain Jean Joseph Leverrier**라는 두 수학자가 이 문제를 두고 아마 아직 발견되지 않은 다른 행성이 있기 때문일지 모른다는 기막힌 생각을 떠올렸습니다. 그리고 미지의 행성의 위치를 계산해 냈지요. 하지만 영국의 천문학자들이 너무 게을렀던 탓인지 의심이 많았던 탓인지, 유감스럽게도 애덤스가 옳았는지 검토하지 않았습니다. 결국, 해왕성을 발견하는 명예는 대륙이 차지하게 되었습니다. 이 작은 일화가 주는 교훈은 '사실'에 맞지 않는 문제가 있다고 해서 과학 이론이 즉각 폐기되지는 않는다는 것입니다. 그러한 상황은 오히려 우리가 처음 생각했던 것보다 더 많은 일이 일어나고 있다는 의미일 수 있

---

* 존 쿠치 애덤스(1819~1892)는 영국의 수학자이자 천문학자다. 수학을 독학으로 익힌 뒤 대븐포트 기계 학교에서 공부하고 개인 과외 활동을 하며 천문학 활동을 했다. 1841년 수학적 계산만으로 해왕성의 존재를 예측했다. 이후 세인트 앤드루스 대학교에서 수학을, 케임브리지 대학교에서 기하학을 가르쳤으며 1861년에는 케임브리지 천문대 소장이 되었다.

** 위르뱅 장 조제프 르베리에(1811~1877)는 프랑스의 수학자이자 천문학자다. 처음에는 화학을 전공했으나 이내 천문학으로 옮겨 파리 천문대에서 대부분의 생애를 보냈다. 수학적 계산과 천왕성의 관측을 바탕으로 해왕성의 존재를 예측해낸 것으로 널리 알려져 있다.

습니다.

과학은 사람들이 흔히 아는 것보다 훨씬 더 모험적이며 불안정합니다. 과학자는 자신이 선택한 관점을 바탕으로 세계를 관찰하기에 언제나 사실과 해석이 섞여 있기 때문입니다. 어떤 철학자들은 이 점에 큰 충격을 받고 과학이 사물이 실제로 어떠한지에 관한 믿을 만한 지식을 전혀 주지 못한다고 결론을 내리기까지 했습니다. 실제로 은연중에 과학을 그러한 방식으로 보고 있는 과학자들도 있으니 저 결론은 그다지 새로운 발견이라 할 수는 없습니다. 이른바 포스트모더니즘이라고 불리는 흐름 중에서도 가장 극단적인 성향의 철학자들은 과학 이론이 그저 비슷한 생각을 지닌 이들의 집단이 채택한 의견에 불과하다고 주장합니다. 물론 그렇게 극단적인 견해를 가진 철학자들조차 과학이 무언가를 만들어 내는데 종종 성공한다는 것은 인정합니다만, 과학이 할 수 있는일이라는 것은 어디까지나 그것뿐이라고 그들은 말합니다. 그저 기술적으로 유용한 방식을 모아 놓은 집합체에 불과하다는 것입니다. 그들은 "지도는 A에서 B를 찾아갈 때 유익하다. 그렇다고 해서 실제 차도는 얇은 파란 선이 아니며 마을은 검은 점이 아니다. 과학을 통해 우리가 얻을 수 있는 이점은 딱 그 정도뿐"이라고 이야기합니다.

하지만 정말 그런가요? 지도가 모든 지역에 대한 전체 진리를 담고 있지는 않을 수 있습니다. 그렇다 하더라도 지도에는 최소한의 진리가 담겨 있습니다. 그렇지 않다면 그런 지도는 아무런 쓸모도 없을 것입니다. 이것이 제가 과학에 대해 믿는 바입니다. 과학이 물리적 세계의 '모든' 진리를 알려주는 데 성공한 적은 없습니다. 물리적 세계에는 언제나 밝혀내야 할 새로운 것들이 존재하기 때문입니다. 하지만 과학은 분명 어느 정도의 진리를 알려 줍니다. 우리는 원자와 전자에 관해 '모두' 알지는 못합니다만, 원자와 전자는 분명 존재합니다. 과학은 물리적 세계에 대한 지도를 제공하며, 그 지도로 '모든' 목적을 달성하지는 못하더라도 어떤 목적을 이루는 데는 매우 신뢰할 만한 지도임이 분명합니다.

저는 세 가지 이유에서 과학이 이 세계를 알려주는 신뢰할 만한 지도라고 믿습니다. 첫째, (앞에서 암시했습니다만) 애초에 과학이 실제 사물이 드러나는 방식을 포착하지 못한다면 어떠한 성공도 거두지 못했을 것입니다. 전기를 흐르게 하는 가장 작은 입자인 전자를 생각해 보십시오. 우리는 화학 반응이 어떻게 일어나는지를 이해하기 위해 원자를 볼 수 있게 해주는 전자 현미경을 만들기도 하며, 각종 전자장비를 만들고 그 밖의 많은 일에 전자를 활용합니다. 우리가 발견한 전자의 성질이 이런 일을 가능하게 합니다. 전자가 그러한 성질을 갖고 있지 않다면 어떻게 이것이 가능하겠습니까. 대다수 사람에게 이는 자명하고 극단적인 의견을 개진하는 철학자들도 이 부분에는 동의해야 할 것입니다.

또한, 과학은 종종 세상이 우리가 기대했던 것과 완전히 다르다는 것을 밝혀냅니다. 이것이 과학이 이 세계가 어떠한지를 알려준다고 믿어야 하는 두 번째 이유입니다. 우리에게 주어진 물리적 세계는 이미 본성을 갖고 있습니다. 우리는 그 본성을 발견할 뿐 결코 발명할 수 없습니다. 예를 하나 들어보지요. '빛은 어떤 성질을 갖는가?' 이 질문은 초기부터 과학자들을 곤혹스럽게 만든 질문 중 하나입니다. 뉴턴은 빛이 작은 알갱이로 이루어져 있을 것이라고 조심스레 추측했으며, 뉴턴과 동시대인인 네덜란드의 하위헌스 Christiaan Huygens*는 빛이 파동으로 구성되어 있으리라고 생각했습니다.

---

* 크리스티안 하위헌스(1629~1695)는 네덜란드의 수학자, 물리학자, 천문학자다. 레이던 대학교에서 법학과 수학을 공부했다. 이후 본격적으로 과학 연구에 뛰어들어 형인 콘스탄틴과 굴절 망원경을 공동 제작, 토성이 고리를 가진 것을 발견하고, 토성의 위성을 관측했다. 1656년에는 진자시계를 발명했으며 뉴턴의 이론으로는 설명할 수 없었던 빛의 굴절 현상과 회절 현상 등 당시 알려진 빛의 현상을 파동설로 설명해냈다.

19세기에 이르러 마침내 이 문제가 해결된 듯했습니다. 토머스 영Thomas Young(그는 이집트 상형문자 해독에 도움을 주기도 했습니다)*이 꽤 괜찮은 실험을 통해 분명한 파동의 효과를 찾아낸 것입니다. 파동들은 위상이 같은지, 다른지에 따라 다른 방식으로 합쳐집니다. 위상이 같다면 두 개의 마루가 합쳐지며 서로를 강화합니다. 그러나 위상이 다르면 마루와 골이 동시에 진행하며 서로가 상쇄됩니다. 결국 한 효과는 빛을 더 밝아지게 하고, 다른 효과는 빛을 더 어둡게 합니다. 영은 빛이 밝아졌다가 어두워지는 변화가 실제로 일어나는 것을 발견했습니다. 그 후 물리학에서 가장 찬란하다고 할 발견이 이루어집니다(이 역시 19세기에 일어난 일입니다). 제임스 클러크 맥스웰James Clark Maxwell**이 빛이 전자기 에너지 파동

---

* 토머스 영(1773~1829)은 영국의 의사, 물리학자, 생리학자, 언어학자다. 어렸을 때부터 13개 언어를 할 수 있었으며 독일 괴팅겐 대학교에서 의학 박사를 취득한 뒤 의사로 활동하면서 여러 논문을 썼다. 1801년에는 왕립 학회에서 의학을 가르치는 자연철학 교수가 되었으며 1811년에는 세인트 조지 병원의 의사로 활동했다. 물리학, 수학, 광학, 의학, 언어학 등 다양한 분야에 걸출한 업적을 남겼다.

** 제임스 클러크 맥스웰(1831~1879)은 영국의 물리학자이자 수학자다. 14세 때부터 과학 논문을 써서 발표했으며 에든버러 대학교, 케임브리지 대학교 트리니티 칼리지에서 공부했다. 이후 런던 킹스 칼리지를 거쳐 1865년 케임브리지 대학교 교수가 되었다. 패러데이, 암페어 등의 업적을 기반으로 전기와 자기를 통합했으며 이는 전자기학의 출발점이 되었다. 또한 열역학, 색채학에도 빼어난 업적을 남겼다.

임을 밝혀낸 것입니다. 빛에 대한 질문은 의심의 여지 없이 확실하고 만족스럽게 해결된 것만 같았습니다.

하지만 20세기 초 막스 플랑크Max Planck와 알베르트 아인슈타인Albert Einstein은 빛이 어떤 상황에서는 파동이 아니라 입자처럼 행동한다는 것을 밝혀냈습니다. 사람들은 경악했고 이 발견을 거북해했습니다. 이에 관해서는 나중에 더 언급하겠습니다. 우선 두 가지 사실만 주목해봅시다. 첫째로 빛이 때로는 입자처럼 행동한다는 것을 누구도 믿고 싶어 하지 않았다는 점에서 알 수 있듯 과학은 실재를 만들어내지 않습니다. 과학은 우리가 믿고 싶지 않은 실재도 발견해 냅니다. 둘째로 물리적 세계를 꽤 잘 이해하고 있다고 생각하는 그때에도 더 자세히 들여다보면 여전히 그곳에 우리를 놀라게 하는 일들이 남아있습니다.

과학이 사물의 실재를 반영한다고 믿는 마지막 이유는 과학자들이 진정 원하는 것은 똑똑한 장치를 만들어 무언가를 이루는 것이 아니라 물리적 세계가 실제로 어떠한지를 이해하고자 하기 때문입니다. 비유를 하나 들어보겠습니다. 어느 날 커다란 블랙박스가 기상관측 연구소로 배송되었습니다. 동봉된 설명서에는 이렇게 적혀 있었습니다.

슬롯 A에 오늘 날씨에 관한 자세한 정보를 넣고 단추를 누르면 슬롯 B에서 한 주 후의 일기예보가 나올 것입니다.

연구소 사람들은 긍정적인 사람들이라 미심쩍어하면서도 지시를 따라 보았습니다. 그런데 이게 무슨 일입니까. 블랙박스가 실제로 작동하는 것입니다. 일기예보는 정확한 것으로 판명이 났습니다. 기상관측 연구소가 그저 일기예보만 하는 곳, 그 임무만 다하면 그만인 곳이라면 임무가 끝났다고 해야 할 것입니다. 그러면 이제 기상학자들은 짐을 싸서 집에 가야 할까요? 그럴 리 없습니다. 그들은 그저 일기예보를 하고 싶은 것이 아니라, 대양과 대지, 대기가 어떻게 상호작용하며 날씨가 변하는지를 이해하고 싶어 하기 때문입니다. 아마 그들은 몇 주 내에 블랙박스를 이리저리 뜯어보며 어떻게 기상 현상을 정확히 예측한 것인지를 알아내려 할 것입니다.

과학이 물리적 세계가 실제로 어떠한지를 알려준다는 점을 변호하는데 저는 몇 쪽을 할애했습니다. 어떤 분들은 인내심에 한계를 느끼며 이 이야기를 읽으셨을지도 모르겠습니다. 대다수 사람은 당연히 이를 '자명'하다고 여깁니다. 저역시 어떤 면에서는 그렇다고 생각하지만 모든 것이 자명하다고 생각하지는 않습니다. 과학이 실제로 작동하는 방식은 매우 미묘하기 때문입니다. 물론 과학은 사실과 의견을 성공적으로 혼합하고 있으며 이를 통해 우리는 우리가 어떻게 지식을 얻는지에 대해서도 배울 수 있습니다. 이 질문은 좀 더 자세히 살펴볼 가치가 있습니다. 이는 과학 이외의 다른 영역을 살필 때도 도움을 줄 수 있기 때문입니다.

그럼 이제 종교를 살펴볼까요. 종교에 믿음이라는 요소가 들어있다는 사실은 누구나 압니다. 하지만 많은 사람은 이 믿음을 현실에 눈을 감고, 아침을 먹기도 전에 말도 안 되는 일들을 여섯 가지나 믿는다고 고백하는 것으로 여기는 듯합니다. 성서나 교황과 같은 의심할 여지가 없는 권위가 그냥 받아들이라고 해서 말이지요. 하지만 결코 아닙니다. 물론 믿음은 도약을 수반할 수 있습니다. 하지만 그 도약은 빛으로의 도약이지 어둠으로의 도약이 아닙니다. 종교적 탐구의 목적 역시 과학적 탐구의 목적과 마찬가지로 진리를 추구하여 근거 있는 믿음을 갖는 데 있습니다. 앞에서 말했듯 어떤 종교든 실제로 참일 때만 그 종교가 가치를 지닐 수 있습니다. 종교는 힘겨운 삶을 괜찮은 척하며 살아가게 해주는 기술이 아닙니다.

과학자로서 소임을 다 했다고, 뭔가 다른 일(성직자가 되는 일)을 할 때가 되었다고 느낀 후, 저는 학자로서 제 삶을 마무리하는 홍미진진한 18개월을 보냈습니다. "잘 해봐. 박사 학위 꼭 받아!"하고 제 연구생들을 내버려 둘 수는 없었기 때문입니다.

이 기간, 저는 학계(고에너지를 다루는 전 세계 이론물리학자들의 집단)에서 홍미로운 대화를 나누었습니다. 그들은 제게 물었습니다. "존, 이제 무얼 할 건가?" 그들은 '왜 성직자가 되려 하는가'와 같은 직업적 소명에 대한 질문보다는 '왜 그리스도교인이 되었는가'와 같은 좀 더 근본적인 질문을 던졌습니다. 연구소 식당에서 커피를 마시며 저는 그들에게 제가 왜 그리스도교 신앙을 갖게 되었는지를 설명하려 노력했습니다. 저는 그들의 질문에 증거를 들이대며 설명해야 한다는 것을 알고 있었습니다. 저는 '무엇에 근거해 그것이 진리라고 생각하는가?'라는 질문에 답해야 했습니다.

30여 분 정도의 대화로는 몇 가지 간단한 논지를 짚어 주는 것 이상의 이야기가 불가능했습니다(과학자가 아닌 사람에게 퀘크와 글루온이 물질을 구성하는 단위라고 믿는 이유를 설명해야 하는 상황에서도 저는 이와 비슷한 제약을 받을 것입니다). 제대로 설명하기 위해서는 경험과 통찰이 맞물린 꽤 복잡한 구조를 다루어야 했습니다. 결국, 저는 몇 시간 동안 설명해야 할 분량의 내용으로 제가 그리스도교 신앙을 믿는 이유가 담긴 『세계가 존재하는 방식』The Way the World is(1992)이라는 거창한 제목을 가진 작은 책을 썼습니다.

여기서 그 일을 반복하고 싶지는 않습니다. 제가 하고 싶은 말은 증거를 요구하는 질문들을 계속 다루어야 한다는 것입니다. '신약성서는 얼마나 믿을 만한가?' '예수에 대해서 실제로 우리가 알 수 있는 것은 무엇인가?' '그가 죽음에서 부활했다는 주장을 믿을 만한 근거가 있는가?' '교회는 성 프란치스코와 이단 재판소를 동시에 배출해냈다. 그리스도교 교회라는 이 이상한 현상을 우리는 어떻게 이해해야 하는가?' 믿음이 가능하려면 이런 질문들에 대한 합리적인 답변이 필요합니다.

한 꺼풀만 벗겨보면 과학과 종교는 지적 사촌지간이라고 저는 믿습니다. 과학과 종교는 모두 근거 있는 믿음을 추구하기 때문입니다. 종교든 과학이든 절대적으로 확실한 지식을 주장할 수는 없습니다. 각 결론은 해석과 경험의 상호작용에 바탕을 두기 마련이고, 결론을 수정할 가능성에 언제나 열려 있어야 하기 때문입니다. 종교와 과학 모두 순수한 사실, 순전한 의견을 다루지 않습니다. 과학과 종교는 '이해'하고자 하는 위대한 분투의 일부입니다.

물론 과학과 종교 사이에는 분명한 차이점이 있습니다. 가장 중요한 차이는 과학은 우리가 발로 걷어 차보거나 뜯어볼 수 있는 물리적 세계를 다룬다는 점입니다. 즉, 과학은 실험을 할 수 있습니다. 하지만 하느님에 대해서는 실험을 할 수 없습니다. 성서는 "주 너의 하느님을 시험하지 말라"(신명 6:16)고 말합니다. "하느님이 정말 존재한다면 지금 나를 쳐서 죽여 보라고 해보세요"라고 말하는 것은 의미가 없습니다. 하느님은 그렇게 어리석은 게임을 하지 않습니다. 사람도 마찬가지입니다. 누군가가 제 친구인지 아닌지를 시험해보려고 제가 함정을 파둔다면, 그와 같은 불신은 오히려 참된 우정을 깨뜨립니다. 인간 사이의 관계든 하느님과의 관계든, 시험하는 것은 신뢰하는 것보다 못하다는 것을 우리는 모두 경험으로 알고 있습니다.

과학에도 실험이 불가능한 분야가 있습니다. 우주론과 진화생물학이 그렇습니다. 우리는 우리의 생각을 시험해 볼 여러 우주를 갖고 있지 않습니다. 역사의 일부만을 알고 있는 이 세계, 이 우주에서 우리가 할 수 있는 한 최대한의 이해를 끌어내야 할 뿐이지요. 진화생물학도 마찬가지입니다. 다른 환경에서 생물의 진화 양상이 어떻게 달랐을지를 실험해 보기 위해 역사를 되돌리는 일은 불가능합니다. 이렇게 역사와 관련된 과학의 경우, 우리는 제한된, 어떤 면에서는 단편적인 증거들을 활용해 가장 만족할 만한 설명을 찾아내야 합니다. 그럼에도 이 역사와 관련된 과학 분야들은 우리에게 많은 통찰을 제공합니다. 어쩌면 그런 점에서 우주론과 진화생물학은 과학 분야에서 신학과 가장 가까운 사촌이라 할 수 있습니다.

과학 지식과 종교 지식의 또 다른 차이는 그 지식이 우리에게 미치는 영향에 있습니다. 쿼크와 글루온에 대한 제 믿음은 지적으로 만족스러울지는 몰라도, 제 인생에 근본적인 영향을 주지는 못합니다. 반면에 하느님에 대한 지식은 그저 우리의 호기심을 만족시키는 데 그치지 않습니다. 하느님이라는 실재와의 만남은 우리의 지성을 밝혀줄 뿐만 아니라 그 실재에 대한 순종을 요구합니다. 이처럼 종교 지식은 과학 지식과 견주었을 때 훨씬 더 많은 것을 요구합니다. 종교는 진리 문제에 대해 세심한 주의를 요구하면서, 또한 진리를 발견했을 경우 그 진리에 헌신할 것을 요구합니다. 우리가 살아가는 이 풍성하고 복잡한 세계를 정말로 이해하고 싶다면, 이 모든 탐구 형식을 사용해야 합니다. 과학만으로는 제한적인 지식, 빈약한 시각을 가질 수밖에 없습니다.

과학의 눈으로 보면 음악은 그저 공기의 진동에 지나지

않고 아름다운 그림도 그저 화학물질의 모음에 지나지 않습니다. 이렇듯 실재를 탐구하는 기술로서 과학은 가치에 대한 질문은 배제합니다. 이는 가치가 존재하지 않거나 가치가 중요하지 않다는 것을 의미하지 않습니다. 인생을 가치 있게 만드는 것들 대부분은 과학이라는 영역 너머에 있습니다. 믿지 않는 친구들과 편안한 자리에서 하는 토론 중에 저는 과학적 시각이라는 제한된 수평선 위로 눈을 돌려 보도록 그들을 격려해줍니다. 저는 아름다움이 단순한 감정의 문제만은 아니며, 실재의 본성을 향해 열린 창문과 같은 것이라고, 그것도 아주 중요한 창문이라고 믿습니다. 어린아이를 학대하는 것은 잘못이며, 사랑이 미움보다 낫다는 것을 저는 분명하게 압니다. 저는 이런 도덕적 통찰이 어쩌다 제가 살게 된 이 사회의 문화적 선택에 지나지 않는다거나, 제 유전자를 더 효과적으로 퍼트리기 위한 어떤 묘한 전략이라고는 결코 생각할 수 없습니다.

하느님에 대한 신앙을 갖는 일의 매력 중 하나는, 하느님에 대한 믿음을 통해 인간이 경험하는 세계의 다양한 면모들을 한데 엮을 수 있다는 데 있습니다. 물리적 우주의 아름다운 구조 앞에서 과학자들은 경이로움을 느낍니다. 이는 과학자들의 근본 경험이며, 과학 연구와 관련된 모든 고된 노동에 대한 대가이기도 합니다. 하느님을 믿는 눈으로 보면 그 경이로움은 실은 창조주의 정신을 인식하는 데서 오는 것으로, 아름다움을 경험하는 것은 창조의 기쁨을 나누는 것으로, 도덕적 직관은 선하고 완전한 하느님의 뜻을 감지하는 것으로 이해할 수 있습니다. 무신론자들이 어리석다는 이야기가 아닙니다. 다만 유신론은 더 많은 것을 설명할 수 있으며 지적으로도 더 만족스럽습니다.

신앙을 가질 때 더욱 잘 이해할 수 있는 인간의 경험 중 하나는 다른 무엇보다 종교적 경험 그 자체입니다. 모든 시대, 모든 장소에서 거의 모든 사람이 어떤 형태로든 종교적 믿음을 가졌습니다. 근래 서구사회에 널리 퍼져 있는 불신앙은 역사적으로나 지리적으로나 드문 현상입니다. 음치여서 음악의 가치를 잘 모르는 사람이라 해도, 음악을 즐기는 사람들이 있다면 음악에 무언가 그럴만한 가치가 있을 거라고 진지하게 고려해 보아야 하듯, 서구의 불신자들은 자신들이 뭔가 중대한 것을 놓치고 있을 가능성을 고려해야 합니다.

종교적 경험에는 일반적으로 두 가지 특징이 있습니다. 하나는 예배입니다. 그것이 아주 단편적이고 희미하다고 해도, 예배는 그 자체로 경외와 존경의 대상인 실재와의 만남을 인식하는 행위입니다. 다른 하나는 희망입니다. 이 세계의 모든 쓰라린 고통에도 불구하고 하느님이 신뢰할 만하다는 직관, 우는 아이와 같은 우리를 달래주는 것이 애정이 담긴 거짓말이 아니라 참된 통찰이라는 확신이 인간 마음 깊숙한 곳에 각인되어 있습니다.

하지만 앞서 언급했듯 중요한 문제들에 관한 각 종교의 답변이 서로 다르다는 점은 곤혹스러운 일임을 저는 인정합니다. 바로 이 부분에서 종교는 과학과 현저하게 다릅니다. 17세기 유럽에서 발흥한 근대과학은 전 세계로 퍼져나갔습니다. 런던이든 델리든 도쿄든 길에서 어떤 사람을 붙잡고 물질이 무엇으로 만들어져 있는지를 물어보십시오. 제대로 물리학 교육을 받은 사람이라면 그들 모두 이렇게 답할 것입니다. "쿼크와 글루온이죠." 하지만 그들에게 궁극적 실재의 본성이 무엇인지를 물어보면 제각기 다른 이야기를 할 것입니다.

실재의 본성이 무엇인가에 대한 세계 종교들의 설명을 비교해 보려면 지난한 대화가 필요할 것입니다. 저는 문화적 차이가 그 모든 불일치를 설명할 수 있다고 생각하지 않습니다. 제가 할 수 있는 일이란 이 문제의 중요성을 인정하는 일, 전 세계에 있는 다른 종교를 가진 동료 인간도 영적 진실을 표현하고 있음을 긍정하는 일, 동시에 저의 그리스도교 신앙, 예수 그리스도의 독특한 중요성을 받아들이는 신앙을 확언하는 일입니다.

세상을 이해하기 위한 탐구에는 과학과 종교의 통찰이 모두 필요합니다. 과학은 본질적으로 '어떻게'라는 질문을 던지고 답합니다. 즉, 과학은 "어떤 방식으로 사물들이 생겨났는가?, 어떻게 그런 일이 일어났는가?"를 묻습니다. 이와 달리 종교는 본질적으로 '왜'라는 질문을 던지고 답합니다. 즉 종교는 "세상에서 일어나고 있는 일들 뒤에 의미와 목적이 있는가?"를 묻습니다. 실제로 무슨 일이 일어나고 있는지를 이해하려면 우리는 이 두 질문을 모두 다루어야 합니다.

주전자의 물이 끓는 이유는 가스레인지에서 가스가 타고 있기 때문입니다. 하지만 주전자의 물이 끓는 이유는 제가 차를 마시고 싶기 때문이기도 합니다. 이 두 가지 답 중 하나를 선택할 필요는 없습니다. 둘 다 필요합니다. 이 서로 다른 두 가지 질문, '어떻게'와 '왜'에 대한 답은 서로 신뢰할 만한 방식으로 연결되어 있어야 합니다.

'주전자를 냉장고에 넣었다'와 '나는 차를 만들려고 한다'는 진술은 서로 관련이 없습니다. '어떻게'와 '왜'에 대한 답이 서로 연결되어 있어야 한다는 말은 바로 이런 뜻입니다. 그리고 그렇다면 과학과 종교는 서로에게 배울 점이 있을 것입니다. 이 책의 나머지 부분에서는 과학과 종교 사이에 어떤 대화가 필요한지를 살펴볼 것입니다. 신학적 이해를 추구하는 데 도움이 될 만한 교훈을 과학에서 끄집어내 봅시다.

앞서 언급했듯 빛은 놀랍고도 당황스러운 방식으로, 어떤 때는 파동처럼 어떤 때는 입자처럼 행동합니다. 파동은 퍼져 있고 헐렁합니다. 반면 입자는 작은 총알과 같습니다. 상식적으로 같은 개체가 근본적으로 다른 식으로 행동한다는 이야기는 허무맹랑해 보입니다. 하지만 이 중대한 문제를 부인하고서는 물질을 이해하는 일에 진보를 이룰 수 없습니다. 플랑크와 아인슈타인이 발견한 입자성을 숨기려 하거나, 영과 클라크 맥스웰이 그전에 발견한 파동성을 잊으려 해도 소용없습니다. 당혹스럽고, 이해가 안 되어도 어떻게 해서든 기본 경험을 붙들어야 합니다.

기쁘게도 결국 이 문제는 행복한 결실에 이르렀습니다. 1920년대 후반 케임브리지에서 폴 디랙Paul Dirac*은 양자장 이

---

* 폴 디랙(1902~1984)은 영국의 이론물리학자다. 양자역학을 탄생시킨 사람 중 한 명으로 꼽는다. 브리스톨 대학교, 케임브리지 대학교 세인트존스 칼리지에 공부했으며 박사 학위를 받은 다음에는 세인트존스 칼리지 연구원을 거쳐 케임브리지 대학교에서 루커스 수학 석좌 교수로 활동했다. 1933년 에르빈 슈뢰딩거Erwin Schrödinger와 함께 '원자 이론의 새로운 형식의 발견'으로 노벨 물리학상을 받았다.

론Quantum Field Theory을 발견했습니다. 이 이론은 빛이 어떻게 파동에 관해 물으면 파동과 같이 답하고, 입자에 관해 물으면 입자와 같이 답하는지를 설명해냈습니다. 결국, 자연은 비합리적이지 않았습니다. 자연은 이전에 우리가 추정하던 것보다 더욱 깊은 합리성을 갖고 있었습니다.

세계는 실로 경이로움을 과학은 우리에게 분명히 가르쳐 줍니다. 상식으로 모든 것을 측정할 수는 없습니다. 원자나 그보다 더 작은 단위의 물체들이 행동하는 방식은 일상에서 큰 물체들이 행동하는 방식과는 완전히 다르다는 것을 양자 이론은 가르쳐 줍니다.

어떤 때는 파동 같고 어떤 때는 입자 같은 무언가가 되려면 치러야 하는 대가가 있습니다. 바로 그 무언가에게 정확히 무슨 일이 일어나고 있는지에 대한 정보를 얻을 수 없다는 것입니다. 가령 전자와 같은 물체가 있다고 해봅시다. 그 물체의 위치를 알면 물체가 무엇을 하고 있는지는 알아낼 수 없습니다. 반면 그 물체가 무슨 일을 하고 있는지를 알면 이번에는 그 물체의 위치를 알아낼 수 없습니다. 이것이 그 유명한 하이젠베르크Werner Heisenberg의 불확정성 원리Uncertainty Principle의 핵심입니다. 우리는 이 기이한 양자 세계를 묘사할 수 없습니다. 하지만 그럼에도 결국 우리는 양자 세계를 이해할 수 있습니다. 양자 세계를 통해 우리는 양자 세계의 기이한 방식을 인정해야 한다는 것을 배웁니다. 양자 세계는 양자 세계의 논리 안에서 말이 됩니다.

이는 신학에도 마찬가지로 적용될 수 있습니다. 묘사할 수 없는 전자의 세계가 이렇게 놀랍다면, 묘사할 수 없는 하느님에게 놀라운 측면이 있다고 해도 그렇게 당황할 필요가 없습니다. 수백만 그리스도교인이 그랬듯, 그리스도교 신자로서 저는 예수 그리스도에 대해 말할 때 그를 인간으로 볼 뿐 아니라 하느님으로 봐야 한다는 것을 알게 됩니다. 비록 어떻게 무한한 하느님과 유한한 인간이 1세기 팔레스타인에서 모종의 신비한 방식으로 하나가 되었는지를 이해하는 것이 아무리 어렵더라도, 양자의 세계를 묘사할 수 없어도 그 실재를 인정하듯 저는 이 경험의 실재를 인정할 수밖에 없습니다.

물론 "양자 이론은 괴상합니다. 그러니 모든 일이 가능합니다"라는 식의 우스꽝스러운 이야기를 하는 것은 아닙니다. 다만 저는 "실재(그것이 하느님이든 물리 세계이든)의 본성이 무엇으로 드러날지 우리는 미리 결정할 수 없다"는 이야기를 하는 것뿐입니다. 우리는 실제 경험 앞에 항복함으로써 그 본성을 발견할 수 있습니다. 보다시피 이는 과학적 사실과 종교적 사실 모두에 해당하는 이야기입니다. 과학과 종교는 모두 세계의 실제 모습, 참으로 풍성하고 다채롭고 놀라운 모습을 이해하기 위해 노력합니다.

종교도 과학에 이바지한 바가 있음을 설명하며 이 장을 마무리하겠습니다. 과학은 17세기 유럽에서 근대적인 형태로 피어났습니다. 그 이유를 생각해 본 적이 있으십니까? 물론 고대 그리스인들은 매우 현명했으며, 중국인도 유럽인보다 훨씬 앞서 세련된 문화를 이룩했습니다. 하지만, 그들이 오늘 우리가 이해하는 과학의 길잡이가 되어 주지는 못했습니다. 꽤 많은 이가 근대과학이 꽃피는데 필요한, 부족했던 부분을 채워준 것은 그리스도교라고 생각합니다. 물론 역사를 되돌려서 그리스도교를 제외했을 때 어떤 일이 일어나는지 살펴볼 수 없으니 이를 증명할 수는 없습니다. 하지만 고려해 볼 만한 훌륭한 논거가 있습니다.

그리스도교인들의 창조에 대한 관념에 뒤따르는 네 가지 중요한 사유가 있습니다(유대교나 이슬람교도 마찬가지입니다). 첫째, 우리는 세계가 질서정연할 것을 기대합니다. 창조주가 합리적이고 일관된 분이라고 고백하기 때문입니다. 둘째, 창조주는 자유로운 분이며, 그렇기에 자신이 원하는 방식으로 어떤 우주든 자유롭게 만들어내실 수 있습니다. 그렇기에 앞아서 골똘히 생각하는 것만으로는 자연의 질서를 알아낼 수 없으며, 직접 보고 확인해야 합니다. 즉 관측하고 실험하는 것이 불가피합니다. 그리스인은 바로 이 점을 놓쳤습니다. 그들은 자연의 질서를 숙고하면 이해할 수 있으리라 생각했습니다. 셋째, 세계는 하느님의 피조물이기에 연구할 가치가 있습니다. 중국인들은 이 점을 놓쳤던 것 같습니다. 그들은 인간 세계에 집중하여 자연 세계에 대해서는 깊이 이해하지 못했습니다. 넷째, 창조세계 자체는 하느님이 아니므로, 우리는 이를 찔러보고 연구해 볼 수 있습니다. 그리스도교에서 이는 불경한 행위가 아닙니다. 이 네 가지를 종합하면 과학이 발전할 수 있는 지적 토대가 마련됩니다.

근대과학의 선구자 대부분이 종교적인 사람들이었다는 것은 역사적 사실입니다. 물론 (갈릴레오처럼) 교회와의 관계에서 문제를 겪은 이도 있고, (뉴턴처럼) 비정통적인 지성을 가졌던 이도 있지만, 그들은 모두 진지한 신앙인이었습니다. 그들은 하느님이 성서라는 책과 자연이라는 책 두 권을 우리에게 써주셨다고 즐겨 이야기했습니다. 우리가 세상에서 일어나는 일을 제대로 이해하려면, 두 책 모두를 해독해야 합니다.

02

하느님은 존재하는가?

히느님이 존재한다면, 하느님의 존재에 대한 어떤 실마리가 있으리라고 기내할 수 있습니다. 이 실마리에는 두 종류가 있을 것입니다. 하나는 역사의 특정 시점, 특정 사람을 통해 하느님의 목적을 분명히 드러내는 방식입니다. 모든 위대한 종교는 계시의 원천으로 여기는 근본적인 사건과 사람이 있습니다. 유대교는 모세와 이집트 노예 생활로부터 이스라엘 민족이 해방된 사건에 주목하고, 그리스도교는 예수 그리스도와 그의 죽음과 부활 사건에 주목하며 이슬람교는 예언자 무함마드와 꾸란이 기록된 사건에 주목합니다. 하지만 이런 사건들은 과학이라는 그물에는 걸리지 않는, 과학이 다룰 수 없는 사건들입니다. 과학은 일반적으로 발생하는 현상을 다루기 때문에 이러한 특정한 사건들에 대해서는 별로 할 말이 없습니다.

과학적 사고는 어떤 주장이 있으면 이를 뒷받침하는 증거를 요구합니다. 이러한 과학적 사고의 습관은 이러한 문제를 다룰 때도 도움이 됩니다. 하지만 그렇게 하려면 관련 사건의 독특성에 맞게 과학적 사고를 조정해야 합니다. 앞서 다루었듯, 종교는 일반적인 과학의 탐구 대상과 달리 인격적인 것, 즉 개인적이고 반복되지 않는 것들을 다루기 때문입니다.

하느님의 존재를 감지하는 두 번째 방식이 있습니다. 그것은 창조세계(하느님이 창조했다고 주장하는 세계)의 특성을 보는 것입니다. 창조세계에서 하느님의 흔적을 찾는다는 것은 만물에 '하느님이 만들었음'이라는 도장이 찍혀 있기를 기대하는 일이 아닙니다. 하느님은 그보다 훨씬 더 미묘합니다. 하지만 이 세계가 하느님의 창조물이라면 이를 알아챌 만한 단서를 발견할 수 있기를 기대해 볼 수는 있습니다. 그리고 이 부분에서 과학은 도움을 줄 수 있습니다. 세상에서 일어나는 일 이면에 어떤 목적이 있다면, '어떻게'라는 질문에 대해 과학이 답하는 방식은 '왜'를 묻는 종교의 질문을 촉발

할 것입니다. 물론 이는 직접적으로 연결되어 있지는 않습니다. 과학과 종교를 혼동해서는 안 됩니다. 하지만 우주에서 연출되는 일 뒤에 정말 하느님이 존재한다면 종교적인 방향으로 물질의 작동 방식을 살펴보는 편이 합리적인 일일 것입니다.

잠시만요! 이 이야기는 이미 우리가 다 아는 이야기가 아니던가요? 17세기 이후 사람들은 생명체가 주변 환경에 얼마나 놀랍게 적응하는지를 저술했습니다. 이 점을 이해하려면 놀랍도록 효과적인 인간 눈의 광학계를 살펴보는 것으로도 충분하다고 생각했지요. 이처럼 정밀하게 설계된 흔적은 불가피하게 설계자의 존재를 가리키고 있는 것 아닐까요? 그들은 그렇게 생각했습니다. 다윈Charles Darwin이 진화 이론을 통해 신적 설계자의 간섭 없이도 겉보기에 설계처럼 보이는 현상을 설명해 낼 수 있음을 보임으로써 이 주장을 무너뜨리기 전까지, 이런 주장은 상당히 설득력이 있었습니다. 하지만 긴 세월 자연선택을 통해 끈질긴 누적, 작은 변화들의 전이가 이루어짐으로써 이러한 설계의 흔적이 자연스럽게 만들어질 수 있다는 이 한 방에 종교는 가장 강력한 자연언어 논증natural argument을 잃어버렸습니다. 지금 그와 같은 실수를 다시 반복하려고 하는 것일까요?

그렇지 않습니다. 이 오래된 논증의 문제는 실은 과학적인 질문에 신학적인 대답을 하려 했다는 데 있습니다. 우리는 과학적 질문(가령 포유류의 눈이 발달하는 과정에 관한 질문)에는 과학적 대답을 해야 한다는 것을 배웠습니다. 종교가 과학인 척하고 도와주지 않아도 과학은 스스로 자신의 임무를 해낼 수 있습니다. 종교가 과학의 질문에도 답을 해야 한다는 주장은 현재 과학적으로 알려지지 않은 현상을 설명한답시고 갑자기 창조주를 들고나오는 식의 시도와 같습니다. 이는 모든 빈틈을 하느님으로 메우려는 실수를 자행하는 것입니다. 그러한 사고 속에서는 정작 하느님이 체셔의 고양이(이상한 나라의 앨리스에 나오는 고양이)처럼 점점 사라져 버리게 됩니다. 지식이 진보함에 따라 이러한 사고는 폐기되었습니다. 우리는 '하느님의 직접적 행위만이 무생물로부터 생명을 만들어 낼 수 있다'와 같은 무모한 주장을 해서는 안 된다는 점을 배웠습니다. 실제로 아직까지 과학은 어떻게 생명체가 발현했는지 알지 못합니다. 하지만 과학이 그것을 결코 알아낼 수 없으리라고 가정할 이유도 없습니다.

'틈새의 하느님'The God of the gaps은 신학적으로도 오류가 있습니다. 하느님이 창조주라면 그의 활동은 우주 역사에서 풀기 어렵고 애매한 부분뿐 아니라 전체 그림과도 어떤 식으로든 연결되어야 합니다. 어떤 형태로 이런 연결이 가능한지는 다음 장에서 논하겠습니다. 여기서는 우주가 창조물이라는 흔적을 실제로 보여주는지 그렇지 않은지에 대해서만 고려해 보기로 합시다.

이제 과학이 전하는 이야기 외에 언급할만한 가치가 있는 이야기가 있는지 어떤지를 이야기해야 할 때입니다. 우리는 과학이 해 주는 이야기에 만족할 수 있습니까? 저는 만족해서는 안 된다고 생각합니다. 흥미롭게도 과학은 그 자체로 과학적인 경험, 과학의 힘으로만 답할 수 없는 질문을 쏟아내기 때문입니다. 달리 말하면, 어느 지점에서 자연에는 과학이 그냥 받아들여야만 하는 특성이 있습니다. 하지만 그냥 당연하게 받아들여서는 안 되지 않겠습니까? 우리는 사물이 왜 그런 방식으로 존재하는지를 이해하려 노력해야 합니다. 과학이 촉발하는, 그러나 과학이 답하기 어려운 두 가지 핵심 질문이 있습니다. 그것은 '과학을 하는 것, 그 자체가 어떻게 가능한가?'와 '우주는 왜 이렇게 특별한가?'입니다.

우리는 과학으로 세계를 이해하는 데 너무나 익숙해서, 그것이 가능하다는 사실이 얼마나 신기한 일인지에 관해서는 거의 생각하지 않습니다. 물론 우리의 일상을 이루는 것들에 대해 전혀 이해하지 못한다면 우리는 생존할 수 없을 것입니다. 무언가가 우리를 지구로 끌어당긴다는 것을 모른다면, 그래서 높은 사다리에서 발을 떼는 게 그다지 좋은 생각이 아니라는 사실을 모른다면 우리는 아주 슬픈 일을 겪게 되겠지요. 하지만 그 이상을 이해하는 능력, 그 힘이 달이 지구 주위를 돌게 하는 힘, 지구가 태양 주위를 돌게 하는 힘과 같은 (뉴턴을 통해 이해한) 중력의 힘이라는 사실을 이해하는 것, 그것이 시공간의 휘어짐(즉 질량과 에너지가 시공간을 휘는 것) 때문에 생기는 것을 아인슈타인을 통해 이해하는 것, 그 힘이 전체 우주 구조를 설명한다는 사실을 이해하는 것은 우리의 생존에 필요한 이해 이상의 능력입니다. 사물을 이해하는 이토록 놀라운 능력을 우리는 어디서 얻게 된 것일까요?

게다가 신기한 점은 이 기이한 능력을 주는 것이 수학이라는 것입니다. 이 현상을 더욱 이해하기 어렵게 만드는 신기한 사실이지요. 이와 관련된 이야기를 하나 해 드리겠습니다. 폴 디랙은 제가 아는 가장 위대한 과학자 중 한 사람입니다. 그는 케임브리지 대학교에서 뉴턴이 가졌던 교수직을 30년 이상 맡았습니다. 디랙은 양자 이론을 세운 선구자 중 한 명이며, 일생을 아름다운 방정식을 찾는 데 몰두했습니다. 이상하게 보시는 분들도 있겠습니다만, 그 아름다움을 볼 줄 아는 사람들에게 수학의 아름다움을 발견하는 것은 꽤 쉬운 일입니다. 디랙이 아름다운 방정식을 찾으려 한 이유는 방정식이 물리적 세계를 설명함을 알았기 때문입니다. 언젠가 그는 방정식을 아름답게 만드는 것이 실험과 일치하는 것보다 더 중요하다고 말하기까지 했습니다. 방정식이 사실과 부합하든 말든 상관없다는 뜻이 아니라 부합하지 않는다면 이는 방정식의 문제이기보다 실험이 잘못된 것일지도 모른다는 뜻이지요. 모두 들어맞을 가능성도 있지만, 방정식 자체가 조잡하다면 그럴 가능성은 전혀 없다고 해도 무방합니다.

우주의 비밀을 풀어내는 열쇠로 수학을 사용한다는 것은 실은 매우 기이한 일입니다. 수학은 순수한 사고입니다. 수학자들은 연구실에 앉아 머릿속으로 순수한 수학의 아름다운 형태들을 그립니다(형태를 만들고 분석하는 것이 수학의 임무입니다). 그런데 이러한 형태들 중 가장 아름다운 형태들을 우리는 주변의 물리 구조에서 발견합니다. 어떻게 이런 일이 일어날 수 있을까요? 어떻게 우리가 머릿속으로 그린 수학과 같은 내부의 합리성과 물리적 세계의 구조와 같은 외부의 합리성이 연결될 수 있을까요? 기억하십시오. 이는 우리가 일상에서 생존하기 위해 필요한 수준을 넘어서는 매우 깊은 차원의 연결입니다. 세계는 어떻게 그 정도까지 이해가 가능한 것일까요?

아인슈타인도 이 문제를 두고 고민했습니다. 그는 우주에 관해 유일하게 이해할 수 없는 것은 우주를 이해할 수 있다는 사실이라고 말한 적이 있습니다. 어떻게 우리는 그렇게 이해를 잘할 수 있는 것일까요? 과학은 어떻게 해서 가능한 것일까요?

우리에게는 선택지가 있습니다. 어깨를 으쓱하며 "원래 그런 겁니다. 형씨가 운이 좋아 수학을 잘하는 거죠"라고 답할 수 있습니다. 하지만 과학자인 제 눈에 이는 대단히 게으른 태도로 보입니다. 과학자로서 저는 기질상 가능하면 철저하게 사물을 이해하고 싶습니다. 평생의 습관을 여기에서 포기할 수는 없습니다. 이렇게 가정해 보시면 어떻겠습니까. 우주를 마치 어떤 정신이 만든 세계로 보는 것이지요. 우주의 합리적인 아름다움과 투명함은 지성의 속성이니 말입니다. 우리가 우주를 통해 하느님의 정신을 보는 것이라면 어떻습니까. 그렇다면 내부의 합리성과 외부의 합리성이 서로 들어맞는 이유가 그 모든 것의 바탕이 되는 창조주의 합리성에서 함께 나왔기 때문이라고 이해할 수 있습니다. 창세기에 나오는 한 오래된 구절에는, 인간이 "하느님의 형상"을 따라 만들어졌다고 표현합니다. 저는 바로 이것이 과학이 가능한 이유라고 생각합니다.

제가 주장하는 바를 명확히 할 필요가 있겠습니다. "과학이 가능하므로 하느님은 존재한다. 증명 완료"라고 말하는 것이 아닙니다. 저는 실제로 하느님이 존재한다든지, 존재하지 않는다든지 하는 것을 '증명'할 수 없다고 생각합니다. 이 부분은 순전히 '증명'해내기에는 너무 깊이 있는 논의를 요구하는 영역입니다. 제 말은 단지 창조주의 존재 자체가 어떻게 세계가 그토록 이해 가능한 모습인지를 설명해준다는 뜻입니다. 이보다 더 효과적인 설명을 저는 알지 못합니다.

크고도 근본적인 질문, 가령 하느님의 존재에 대한 믿음이나 불신앙에 대한 질문은 하나의 논증으로 해결되지 않습니다. 그러한 질문은 그렇게 해치우기에는 너무나 복잡합니다. 그런 질문을 다룰 때는 다른 여러 문제를 고려해 보고, 우리가 도출한 답이 전체 그림과 부합하는지를 따져 보는 작업을 해야 합니다. 저는 물리적 세계를 이해할 수 있는 능력을 인간이 갖고 있다는 점이 종교적 신앙을 확증하는 한 요소라고 생각합니다.

우리는 엄청나게 특별한 우주에 살고 있으며 그토록 특별한 우주이기에 우리가 이 우주에 존재할 수 있습니다. 이 사실을 깨닫는 것이 종교적 신앙을 확증하는 또 한 가지 요소입니다. 진화 자체는 인간의 기원을 충분히 설명하지 못합니다. 우리가 생각해 낼 수 있는 우주의 대부분은 불모의 우주여서 아무리 오랜 시간을 기다려도 진화하는 생명체를 만들어낼 수 없습니다. 이는 매우 중요하고 놀라운 결론이어서 인류 원리anthropic principle(이 말은 인류를 뜻하는 그리스어 '안트로포이ἄνθρωποι에서 유래했습니다)*라는 이름이 붙었습니다.

이렇게 설명해 보겠습니다. 하느님이 우리에게 우주를 만드는 기계를 빌려주셨다고 상상해 봅시다. 이 멋진 기계에는 수많은 조절 스위치들이 달려 있습니다. 당신이 만들어낼 우주의 과학적 구조를 결정하는 스위치들입니다. 이를테면 중력과 관련된 일련의 스위치 같은 것들입니다. 껐다 켰다 할 수 있는 스위치를 누르면 우주에 중력을 집어넣을 수도 있고 넣지 않을 수도 있습니다. 우주에 중력을 집어넣겠습니까? 넣는다면 어떤 중력을 넣을 것입니까? (뉴턴이 우리 우주에서 발견한 것과 같은) 역제곱 법칙을 쓰겠습니까? 혹은 어떤 다른 형태를 만들겠습니까? 그것을 결정하고 나면 중력을 얼마나 강하게 만들지 조절해야 합니다. 놀랍게도, 과학자들의 측정에 따르면, 중력은 우리 우주에서 실제로 매우 약한 힘입니다. 2층 창문에서 떨어져 본 적이 있는 분은 동의하지 않으

---

* 물리학에서 다중 우주가 존재한다면 우리는 그 중 지적 생명체의 존재를 허용하는 우주에 존재한다는 원리를 말한다.

시겠지만 말입니다. 하지만 2층에서 떨어진 사람이 중력을 강한 힘으로 느끼는 것은 중력이 항상 더해지고 상쇄되지 않기 때문입니다. 당신이 스위치를 조절하기에 따라 우주에는 더 강한 중력이 들어갈 수도, 더 약한 중력이 들어갈 수도 있습니다. 그 모든 것이 당신의 결정에 달려 있습니다. 이제 자연의 다른 힘들도 결정해야 합니다. 물질(그리고 우리)을 결합하는 전자기의 힘, 우리 우주에서는 중력보다 훨씬 강한 힘인 전자기력은 어떻게 하시겠습니까. 당신의 우주에서는 어떤 전자기력을 사용하고 싶습니까. 끝이 아닙니다. 아직도 결정해야 할 자연의 여러 힘(가령 원자의 핵을 결합하는 힘)이 남아있습니다. 우주의 크기와 특성도 당신이 누르는 스위치에 달려 있습니다. 당신은 우리 우주처럼 1조 개의 별이 있는 광대한 우주를 원하십니까? 아니면 그보다는 훨씬 작고 아담한 우주를 원하십니까?

자, 모든 스위치를 조절했습니다. 마지막 버튼을 누르면 당신이 만든(하느님이 당신에게 만드는 것을 허락해준) 우주가 탄생합니다. 이제 무슨 일이 발생하는지를 지켜보는 데는 인내심이 필요합니다. 수십억 년이 걸릴 수도 있기 때문입니다. 분명 충분히 기다리면, 결국 대부분의 우주는 뭔가 흥미로운 일을 할 것입니다. 당신이 우주의 힘을 지금 우리가 사는 우주와 다르게 바꾸었다면, 뭔가 다른 결과가 나올 것입니다. 가령 중력을 강하게 했다면 '사람'들의 키는 작아질 것입니다. 키가 더 자라기는 어려울 것이기 때문입니다. 무슨 일이 일어날지는 모르지만, 무언가 생산적인 결과를 보게 되기는 할 것입니다. 물론 꼭 인류가 탄생하지 않을 수도 있고, 대신 화성인이 나올 수도 있습니다. 물론 완전히 망칠 수도 있겠지요.

스위치를 아주 정확히 잘 조절해 우리 우주와 비슷하게 만들지 못한다면, 당신이 만든 우주는 따분한 불모의 역사를 갖게 될지도 모릅니다. 그 우주는 흥미로운 결과(당신이나 나와 같은 흥미로운 생명이 출현한다든지 하는)를 낳지 못할 수도 있습니다. 우리가 사는 우주는 1조 개 중 하나라고 할만한 아주 특별한 우주입니다. 이는 아주 놀라운 결론입니다. 그렇게 결론을 내리는 몇몇 이유를 설명해 보겠습니다. 지금 우리의 우주와 같은 흥미로운 우주를 탄생시키기 위해서는, 세심하게 주의를 기울여 제대로 출발할 필요가 있습니다. 당신의 우주가 최초의 대폭발로부터 너무 빨리 팽창하면 그 우주는 급격히 밀도가 낮아져 어떤 흥미로운 일도 일어나지 않을 것입니다. 반면 우주가 너무 천천히 팽창한다면 흥미로운 일이 생기기도 전에 우주가 다시 수축해 버릴 것입니다. 또한,

우주는 상당히 균일하기도 해야 합니다. 그렇지 않으면 초기 우주 역사의 커다란 비균일성 때문에 재앙적이고 파괴적인 난류가 형성될 것입니다. 한편 우주가 절대적으로 균일해서도 안 됩니다. 알갱이*가 전혀 없으면 별이나 은하가 형성될 수 없습니다. 별은 반드시 필요합니다. 생명체가 존재하는 데 꼭 필요한 두 가지 역할을 하기 때문입니다. 우선 별은 안정된 에너지원의 원천이 됩니다. 태양이 수십억 년간 꾸준히 에너지를 공급했기 때문에 지구상에서 생명체가 진화할 수 있었습니다. 긴 세월 별이 균일한 에너지를 내는 이유를 우리는 압니다. 중력과 전자기력이 섬세한 균형을 이루고 있기 때문이지요. 이 균형이 깨지면 별은 너무 차갑게 되어 유효한 에너지의 원천이 될 수 없거나 너무 뜨겁게 되어 생명체가 출현하기에 너무 짧은 시간인 겨우 수백만 년 내에 원료를 다 태워 버리게 됩니다. 그렇기에 중력과 전자기력을 조절하는 스위치는 상당히 조심스럽게 맞추어야 합니다.

이것이 다가 아닙니다. 별들이 하는 중요한 역할은 또 있습니다. 별은 생명체를 구성하는 기초 재료를 만드는 핵융합 용광로라 할 수 있습니다. 우주 역사에서 최초 3분 동안 우

---

* 비균일성에 의해 생기는 약간 밀도가 높은 지역으로, 이런 부분에 점점 물질이 뭉쳐져서 은하나 별이 형성된다.

주 전체는 너무나 뜨거운 핵융합 반응이 일어나는 무대였습니다. 흡사 우주적 수소 폭탄과 같았지요. 하지만 초기 우주는 매우 단순해서 아주 단순한 일(가장 간단한 원소인 수소와 헬륨을 만드는 일)만을 할 수 있을 뿐이었습니다. 수소와 헬륨은 생명체에 필요한 주요 성분을 제공하기에는 화학적으로 너무 불충분합니다. 생명체를 위해서는 더 무거운 원소들을 통해 보다 풍성한 가능성이 마련될 필요가 있었습니다. 특히 비옥한 화학 성분을 갖는 탄소가 필요했습니다(우리 몸을 구성하는 탄소 원자 하나하나는 과거 별의 내부에서 만들어진 것입니다. 즉 우리는 모두 죽은 별의 재로 만들어졌다고 할 수 있습니다).

별 내부에서 탄소를 만들기 위해서는 세 개의 헬륨 원자의 핵이 융합되어야 합니다. 이 융합은 매우 까다로운 과정이어서 한 번에 일어날 수는 없습니다. 그것을 가능케 하는 확실한 방법은 두 개의 헬륨을 융합시켜 베릴륨을 만들고 만들어진 베릴륨이 충분히 오랜 기간 존재해서(그럴 수만 있다면) 세 번째 헬륨과 융합되어 탄소를 만드는 것입니다. 문제는 베릴륨이 불안정하기 때문에 이러한 반응이 쉽게 일어나지 못한다는 점입니다. 처음 이 문제를 다루던 천체물리학자들은 당황했습니다. 그 '당황한 천체물리학자' 중에는 저의 케임브리지 동료이기도 한 프레드 호일Fred Hoyle*이 있었습니다. 이 문제로 고심하던 중 호일은 갑자기 번뜩이는 아이디어를 떠올렸습니다. 강한 증대 효과가 일어난다면(물리학에서는 이를 공명이라고 부릅니다.) 세 번째 헬륨과의 융합이 재빠르게 일어나 베릴륨이 전부 사라지기 전에 탄소가 형성될 수 있으리라는 것을 깨달은 것입니다. 하지만 그러기 위해서는 공명이 매우 정확한 에너지에서 발생해야 합니다. 조금만 빗나가도 그 효과는 일어나지 않을 것입니다. 호일은 재빨리 핵물리 자료가 담긴 표를 뒤져 그가 예측한 곳에서 실제 공명이 일어나는지를 확인했지만, 결과는 꽝이었습니다.

그러나 호일은 자신이 생각한 방향이 옳다고 확신했습니다. 본인이 탄소를 기반으로 한 생명체이니(다른 가능성은 없었습니다) 어딘가로부터 탄소가 만들어졌음이 분명했습니다. 그는 현명한 동료 과학자들에게 전화를 걸어 뭔가를 빠트렸음이 확실하다고 이야기했습니다. 그 공명이 정확히 어느 에

---

* 프레드 호일(1915~2001)은 영국의 천문학자다. 케임브리지 대학교 임마누엘 칼리지에서 수학을 공부했으며 영국 해군에서 일한 뒤 케임브리지 대학교 세인트존스 칼리지를 거쳐 케임브리지 대학교의 천문학 교수로 활동했다. 또한 케임브리지 천문학 연구소의 소장으로 활동하기도 했다. 정상상태이론의 핵심 이론가이며 1950~1960년대 우주론 연구에서 전 세계적 차원의 발전을 촉진했다. '대폭발'Big Bang이라는 말을 처음 쓴 사람으로도 널리 알려져 있다.

너지에서 일어나야 하는지는 명백했기에 그는 그들에게 어디를 찾아보아야 할지를 이야기해 줄 수 있었습니다. 결론은 어떻게 되었을까요? 그들은 그 공명을 찾아냈습니다. 빛나는 과학적 성과였습니다. 하지만 호일에게 그 성공은 그 이상의 의미였습니다. 물리법칙이 조금만 달랐더라면 공명이 다른 에너지에서 일어났을 것이고 그랬다면 탄소는 만들어지지 못했을 것이며, 탄소를 기반으로 하는 생명체는 물론 그런 문제를 염려할 천체물리학자도 존재하지 못했을 것임을 그는 깨달았습니다. 평생 무신론에 기울어 있던 호일은 그때 강한 요크셔 사투리로 이렇게 외쳤다고 합니다. "우주는 누가 작정을 하고 만든 거야." 미세하게 조율된 탁월한 자연법칙을 통해 그토록 괄목할만한 생산이 가능해졌는데, 이 모든 것을 그저 행복한 우연이라 할 수는 없었습니다. '하느님'이라는 단어를 좋아하지 않았던 호일은 이 모든 것의 배후에는 어떤 우주적 지성이 있을 거라고 이야기했습니다.

별들이 생명체의 기본재료를 만드는 것에 관하여는 할 이야기가 더 있습니다. 생명체에는 탄소 외에도 다른 많은 입자가 필요하기 때문입니다. 이를테면 산소가 그렇습니다. 탄소에 헬륨을 덧붙이면 산소가 됩니다. 그렇게 산소가 형성되는 것이 가능하긴 하지만 쉬운 일은 아닙니다. 혹여 어렵게 만든 탄소들이 전부 산소로 변해 탄소가 사라져 버릴 수도 있기 때문입니다. 이것이 핵력의 제약조건입니다. 스위치가 딱 맞게 조절되면 연쇄반응이 일어나 철이 만들어질 수 있는, 섬세하게 균형을 이룬 상태가 됩니다. 별의 내부에서는 철보다 더 무거운 원소가 만들어질 수는 없습니다. 철은 가장 안정된 원소이고 다른 더 큰 원소로 쉽게 변하지 않기 때문입니다.

그리하여 두 가지 과제가 남게 됩니다. 하나는 철보다 무거운 입자들을 만들어내는 일입니다(그중 아연과 아이오딘은 생명체에 필수적입니다). 두 번째 과제는 이미 만들어진 입자들이 생명체를 구성하는 데 실세로 사용될 수 있게 하는 일입니다. 죽어가는 별 내부에 그런 원소들이 갇혀있어 봐야 그런 일은 일어나지 않습니다. 별들은 초신성으로 폭발해 일생 생산한 입자들을 우주 공간으로 퍼뜨려야 합니다. 그리고 그 폭발의 잔해들이 우주 공간에서 응축되어 차세대의 별과 행성이 만들어질 화학적 환경을 조성해야 합니다. 우리가 별 먼지로부터 만들어졌다면 별에서 온 먼지들이 우주 공간에 반드시 존재해야 합니다. 당신이 아주 똑똑하다면 스위치를 잘 조절해 무거운 원소(아연, 아이오딘, 기타 등등)가 초신성 폭발 과정에서 만들어지게 할 수 있겠지만, 그것이 가능하기 위해서는 어떤 방사성 붕괴가 일어나 줘야 합니다. 이것이 약한 핵력의 제약조건이 됩니다.

위에서 다룬 모든 논의를 따라오지는 못했더라도 생명체를 위한 기본 재료를 만드는 일이 쉽지 않다는 점은 이해하셨을 것입니다. 그것은 매우 특별한 우주에서만 가능합니다. 이러한 '미세한 조율'이 필요한 예들을 더 제시할 수도 있습니다. 실제로 인류 원리를 다루는 자세한 내용으로 가득 찬 책을 쓴 사람도 있을 정도입니다. 하지만 마지막으로 한 가지 예만 더 들고 마치겠습니다. 이번에 조절할 스위치는 '크기'와 관련된 스위치입니다.

무수히 많은 별로 이루어진 우주를 생각하면, 결국 우리 자신은 우주의 먼지에 불과한 작은 한 점에 살고 있습니다. 외견상 하찮은 존재에 불과하다는 사실에 누군가는 당혹감을 느낄지도 모르겠습니다. 하지만, 그러지 않아도 됩니다. 이 모든 별이 존재하지 않았다면 우리가 여기 앉아 그 별들을 생각하며 풀이 죽을 수도 없었을 테니 말이지요. '크기' 스위치를 조절해 우리가 사는 우주보다 훨씬 더 작은 우주를 만들어 보면 어떨까요. 그러면 우리가 그렇게 풀이 죽을 일도 없었을까요? 그랬다면 그런 생각을 하는 우리는 존재하지도 못했을 것입니다. 현대 우주론은 우주의 크기와 우주 역사의 시간적 길이 사이에 연관성이 있음을 가르쳐 줍니다. 최소 우리가 지금 사는 우주 정도의 크기가 되어야만 탄소에 기반한 생명체가 진화하는 데 필요한 시간(140억 년)을 견딜 수 있습니다. 1세대 별들이 탄소를 만드는 데 100억 년이 필요하고 인간 존재와 같은 복잡한 형태들이 생성되는 데 40억 년이 필요합니다. 이 과정은 결코 서두를 수 없습니다.

자, 이 모든 논의를 어떻게 이해해야 할까요? 우선 우리는 과학적인 지점들을 고려해야 합니다. 이 모든 과정은 외형상 놀라운 우연으로 보이지만 더 깊은 바탕에 어떤 이론이 깔려 있어 이와 같은 결과가 나왔을 수도 있습니다. 우리가 모르는 이론에 따라 우주가 형성된 것이라면 앞서 가정한 '미세한 조율'은 전혀 필요 없게 됩니다. 그럴 가능성도 있습니다. 실제 과학자들은 이와 비슷한 예를 이미 알고 있습니다.

초기 우주의 필수 조건인 팽창률과 균일성의 정확한 수치가 꼭 미리 주입되었을 필요는 없습니다. 그렇게 정확한 수치가 주입되는 대신 초기 우주는 '인플레이션'inflation이라 불리는 물리적 과정을 통해 자연히 이루어졌을 수 있습니다. 많은 이가 우주가 시작된 지 1초도 채 지나지 않아 인플레이션이 일어났을 것이라고 봅니다. 우주 공간이 끓어올랐다는 것이지요. 제가 보기에는 인플레이션이 일어났다는 이야기도 추측이기는 합니다만 어쨌든 상당히 타당한 추측입니다. 그렇다고 해서 모든 오래된 우주에서 인플레이션이 가능한 것은 아닙니다. 반복해서 말씀드립니다만, 그런 방식으로 끓어올랐다가 잘 조절된 방식으로 식어가도록 고안된 우주는 매우 특별한 종류의 우주입니다. 미래에 다른 방식의 통찰력 있는 설명을 내놓을 수도 있겠습니다만 여전히 저는 탄소에 기반한 생명체가 진화할 수 있는 우주가 매우 특별한 우주라고 생각합니다.

하지만 이 부분이 우리가 뭔가를 슬그머니 끼워 넣은 부분일지 모릅니다. 인류 원리는 아마 탄소 원리라고 불리는 편이 더 적당할 것입니다. 인류 원리에서 다루는 내용 대부분은 탄소 기반 생명체의 진화에 필요한 조건에 관한 것이기 때문입니다. 인류 원리는 어쩌면 그저 우리의 상상력의 부족을 드러내는 것일 수도 있습니다. 다른 우주는 그 나름으로 지적이고 의식을 갖는 생명체, 우리와 전혀 다른 식으로 존재하는 생명체를 갖고 있을지도 모릅니다. 그 우주는 그들 나름의 방식대로 생산적일 수도 있습니다. 하지만 이런 식의 주장에는 대응하기 매우 어렵습니다. 이런 주장은 전혀 알려지지 않은 계좌에서 발행한 거액의 백지수표나 다름없기 때문입니다. 제가 할 수 있는 이야기라고는, 의식이 유지되기 위해서는 매우 거대한 물리적 복잡성이 필요하다는 것뿐입니다(우리의 뇌는 우리의 경험 안에서는 비할 바 없이 복잡한 물리적 체계입니다). 막연한 상상을 발휘해 이러한 복잡성이 만들어지는 다른 길이 많이 있을 것이라는 주장은 별로 설득력이 없습니다.

존 레슬리John Leslie*는 저와 같은 견해를 가진 철학자입니다. 그는 아주 능숙하게 이야기를 전개하며 철학적 견해를 폅니다. 『우주들』Universes(1989)에서 그는 이와 같은 이야기를 풀어냅니다. 당신은 막 사형을 당할 참입니다. 당신은 눈을 가린 채 말뚝에 묶여 있습니다. 그리고 열 명의 잘 훈련된 사수가 당신의 가슴을 겨누고 있습니다. 상관이 발포 명령을 내리자 사격 소리가 들렸습니다. 그런데 당신이 살아있습니다. 어떻게 된 일일까요? 그저 어깨를 으쓱하며 "흠, 이렇게 됐네. 하마터면 맞을 뻔했어"라고 말하겠습니까? 그럴 리가 없지요. 당신은 무슨 일이 일어났고, 왜 당신이 죽지 않았는

---

* 존 레슬리(1940~)는 캐나다의 철학자다. 옥스퍼드 대학교의 워덤 칼리지에서 영문학과 철학을 공부했으며 캐나다의 궬프 대학교에서 오랜 기간 철학과 교수로 활동했다. 현재는 궬프 대학교 명예 교수로 활동 중이다. 정신과 세계의 통일성에 중점을 둔 형이상학을 전개한 이로 널리 알려져 있다. 주요 저서로는 『세상의 목적』The End of the World, 『무한한 정신』Infinite Minds 등이 있다.

지 알고자 할 것입니다. 레슬리는 당신의 그 행운에 대해 오직 두 가지 설명이 가능하다고 제안합니다. 많고 많은 사형 집행 중에, 당신의 경우만 우연히 모든 사수가 빗맞혔을 경우가 그 하나의 가능성입니다. 또 하나의 가능성은 당신의 앎 이상의 일이 일어났을 가능성입니다. 사수들이 모두 당신 편이었을 수 있지요.

이 이야기를 미세하게 조율된, 인류가 탄생하고 번성한 우주에 적용해 봅시다. 다소간의 설명이 필요합니다. 한 가지 가능성은 많은 우주가 존재하고, 각 우주가 그 나름의 자연법칙과 환경을 가지고 있는데, 그 우주들과 우리가 사는 우주가 분리되어 있을 가능성입니다. 즉 우리가 생각하는 '상상의' 우주들이 실제로 무수히 존재하는 데다가, 그중 한 우주가 우연히 생명체가 진화하기에 딱 맞는 조건을 갖게 된 것이지요. 물론 그 우주가 바로 우리가 사는 우주입니다. 우리가 다른 우주에 존재할 수는 없으니 말입니다.

또 하나의 가능성은 우주는 단 하나만 존재하면서, 그 우주 안에서 우리가 알고 있는 이상의 무언가가 일어나고 있을 가능성입니다. 즉, 이 우주는 그저 '오래된 하나의 우주'가 아니라, 특별한, 생명체를 위해 섬세하게 조율된 우주, 창조주가 의도해 만든 피조물로서의 우주입니다. 이 두 설명이 모두 과학 자체가 알아낼 수 있는 내용을 넘어선다는 점에 주목하십시오. 우리의 우주 외에 다른 우주가 존재한다고 믿을 과학적 이유는 아무것도 없습니다(사람들은 다중 우주를 설명하며 이것이 사실인 듯 말하기도 하지만, 과학이 실제로 우리에게 말해 줄 수 있는 내용을 조심스럽게 꼼꼼히 살피면 이를 알 수 있습니다).

그저 미세한 조율의 중요성에 관한 이야기라면, 양쪽 설명이 모두 동등하게 타당하다고 레슬리는 말합니다. 저는 그가 옳다고 생각합니다. 하지만 한편으로는 하느님의 창조를 믿을 만한 다른 이유도 있다고 생각합니다. 제게는 우주가 창조되었다는 설명이 훨씬 더 나은 설명입니다. 우리가 전혀 관측할 수 없는 광대한, 수많은 다른 우주가 존재한다는 가정이 할 수 있는 일이라고는 유신론을 위협으로 느끼는 몇몇 이들을 안심시켜 주는 것뿐입니다.

지금까지 '어떻게 우리가 과학을 할 수 있을까?' '왜 우주는 그렇게 특별할까?' 등의 질문을 하고 답을 하는 것이 종교적 믿음이 가리키는 방향을 가늠케 해줌을 살펴보았습니다. 우리가 찾아낸 답은 거기에 누군가 있음을 암시합니다. 앞서 인정했듯, 이를 증명할 수는 없습니다. 하지만 우리 삶에서 정말 중요한 것 중에 순수하게 논리로, 필연적으로 그래야 한다고 증명할 수 있는 것들은 그리 많지 않습니다. 누군가가 당신의 친구임을 '증명' 하려 해보십시오. 또 그 친구가 당신에게서 무언가를 얻어내기 위해 당신을 호의적으로 대하는 것이 아님을 '증명'해 보십시오. 혹은 시각장애인을 상대로 강도질을 하는 것이 옳지 않음을 '증명'해 보십시오. 저처럼 종교가 있는 사람만 이러한 견해를 가진 것은 아닙니다. 그 사실이 제가 이것들을 진지하게 받아들일 용기를 줍니다. 폴 데이비스Paul Davies*와 프레드 호일처럼 전통적인 종교적 신념에 공감하지 않는 과학자들도 우주의 합리적인 아름다움, 이토록 유익한 균형 같은 것을 보며 어떤 지성이 배후에 존재한다고 느낍니다. 데이비스는 『신과 새로운 물리학』God and the New Physics(1992)에서 "기이하게 들릴지 모르지만, 종교보다는 과학이 신에게로 가는 더욱 확실한 길을 제공해 주는 것 같다"고 말하기도 했습니다.

창조세계의 형태와 과정을 통해서도 하느님에 대해 무언가를 배울 수 있지만, 더 많은 것은 위험을 감수하는 길, 보

---

* 폴 데이비스(1946~)는 영국의 물리학자이자 작가, 방송인이다. 런던 대학교에서 공부했으며 박사 학위를 마친 뒤에는 여러 기관에서 연구원으로 활동하면서 과학의 대중화에 힘썼다. 그 공로를 인정받아 1995년에는 템플턴 상을, 2002년에는 패러데이 상을 받았다. 주요 저서로는 『다른 세계들』Other Worlds, 『새로운 물리학』The New Physics 등이 있다.

다 인격적인 형태의 만남을 통해서만 배울 수 있습니다. 이 점이 제게는 정말 기이하게 다가옵니다. 이 장에서 다루었던 현대 과학 이야기를 바울이 듣는다면, 자신이 몰랐던 세부 내용에 분명 놀라겠지만(그 또한 흥미로워했을 것입니다. 저는 그렇게 확신합니다). 전반적인 내용에 대해서는 그렇게 낯설게 여기지 않았을 것입니다. 그도 이렇게 쓴 적이 있기 때문입니다.

> 이 세상 창조 때로부터, 하느님의 보이지 않는 속성, 곧 그분의 영원하신 능력과 신성은, 사람이 그 지으신 만물을 보고서 깨닫게 되어 있습니다. (로마 1:20)

03

무슨 일이 일어났던 것일까?

수년 전 영국왕립협회의 어느 위원회 모임에 참석 중이던 때였습니다. 누군가 제게 전화 메모를 들고 다가왔습니다. 메모에는 "오늘 한 시 ITN 생방송 뉴스에 출연하실 수 있나요?"라고 적혀 있었습니다. 놓칠 수 없는 기회라는 생각에 승낙했고 시간에 맞춰 급히 방송국으로 갔습니다. 메모에는 제가 출연하는 이유가 적혀 있지 않았지만, 짐작은 갔습니다. 그날 아침 런던에 가기 전 라디오 뉴스를 들었기 때문입니다. 미국항공우주국NASA이 '우주의 주름'을 발견했다고 발표했던 것입니다.

나사는 위성을 사용해서 우주의 배경복사를 연구하고 있

었습니다. 우주를 메우고 있는 전파 소음이라 할 수 있는 우주 배경복사는 우주의 나이가 약 50만 년이던 때* 발생한 사건이 기록된 화석 같은 것입니다. 50만 살이 될 때까지만 해도 우주는 너무 뜨거워 복사파와 물질이 강하게 상호작용을 해 원자들이 전혀 생존할 수 없는 환경이었습니다. 하지만 우주가 팽창하고 충분히 냉각되면서 상황은 완전히 달라졌습니다. 원자들이 만들어지고 복사파는 주변에 남게 되었습니다. 그 후 우주는 계속 팽창하며 점점 식었습니다. 우주 배경복사는 현재 매우 온도가 낮으며(영하 270도입니다) 우리에게 복사파가 물질과 분리되던 50만 년 된 초기 우주 상태에 대한 단편적인 사진을 제공해 줍니다.

당시에는 모든 것이 매우 균일했습니다. 우주 공간 여기저기서 오는 우주 배경 복사는 매우 비슷해 1만분의 1 이상의 차이를 발견할 수도 없을 정도입니다. 하지만 완전히 균일하지는 않습니다. 그럴 수가 없습니다. 그랬다면 우주에는 별과 은하라는 덩어리들이 만들어지지 못했을 것입니다. 작은 차이들이 있었고 그 차이들이 씨앗이 되어 우주의 구조들이 자라날 수 있었습니다. 위성에 부착된 기기들은 바로

---

* 최근 측정에 따르면 약 38만 년이던 때로 추정된다.

이 균일한 우주 배경 복사의 주름들을 발견한 것입니다. 이로써 은하들이 어떻게 형성되었는지를 알려줄 중요한 실마리를 얻게 되었습니다.

이는 과학적으로 상당히 흥미로운 발견임에 틀림없습니다. 하지만 (스티븐 호킹Stephen Hawking은 별생각 없이 이렇게 말했습니다만) "세기의 발견, 역사상 가장 중요한 발견"까지는 아니었습니다. 하여튼 방송에 출연한 제가 맡은 역할은 과학적인 부분을 설명하는 것이 아니었습니다(그 역할을 맡은 사람은 한 여성 천문학자였습니다). 제 역할은 '우주의 주름이 발견되었다. 이에 하느님의 존재를 묻는 물음에 대한 답은 어떻게 달라질 것인가?'라는 질문에 답하는 것이었습니다. 그리고 이물음에 저는 "전과 달라지는 것이 없다"고 답했습니다.

이 간단한 대답은 중요한 신학적 논점과 이어져 있습니다. 하느님은 그저 시작 버튼을 누르는 기능이 아닙니다. 창조주의 존재는 '누가 대폭발을 시작했는가?'라는 질문에 대한 답 이상입니다. 창조에서 중요한 것은 무슨 일이 어떻게 시작되었는가가 아니라, 무슨 일이 일어나고 있는가이기 때문입니다. 하느님이 창조주라면, 그분이 140억 년 전 창조주였다면, 그는 오늘도 그때와 똑같이 창조주입니다. 우주는 하느님의 뜻을 따라 존재하며 우주의 진화 역사 배후에는 하느님의 정신과 목적이 있습니다. 창조주는 창조의 시작점이기보다 그때로부터 지금까지 '무슨 일이 일어나고 있는가? 거기에 어떤 의미가 있는가?'라는 질문에 대한 답입니다.

놀랍게도 이렇게 간단한 논점을 이해하기 어려워하는 분이 많습니다. 잠시 스티븐 호킹 이야기로 돌아가 봅시다. 우주의 나이가 1초에도 훨씬 못 미쳤던, 그래서 우주가 양자효과의 영향을 받을 만큼 충분히 작았던 초기 우주에 관해 그는 상당히 흥미롭고 그럴듯한 이론을 제시했습니다. 양자 이론은 사물들을 흐릿하게 만드는 경향이 있습니다. 이에 따라 호킹은 사물들은 불확실하기에 우주가 시작한 시점을 잴 수는 없다고 결론 내립니다. 우주가 한정된 나이를 갖기는 하지만 우주 초기의 양자적 불명확함 때문에 그렇다는 것입니다. 호킹이 제안한 세부 내용에 대해서는 이견이 있을 수도 있겠지만 이 결론은 타당해 보입니다. 그리고 분명 과학적으로 흥미로운 내용입니다. 하지만 호킹은 이 과학적 발견이 특정한 신학적 결론으로 귀결된다고 주장합니다. 『시간의 역사』A Brief History of Time(1988)에서 그는 유명한 구절을 남겼습니다.

우주가 경계와 변두리 없이 정말로 완벽하게 자기충족적이라면, 우주에는 시작과 끝도 없어야 한다. 그저 그래야 한다. 그렇다면 창조주가 설 자리는 어디인가?

이 질문에 답하지 않는 것은 신학적으로 게으른 일입니다. 그리고 이 물음에 대한 답은 "하느님은 지금 일어나고 있는 모든 일을 명하시고 유지하는 분이기에 모든 곳이 하느님의 자리"라는 것입니다. 하느님은 우주의 시작에만 관여하는, 가장자리에만 있는 존재가 아닙니다. 하느님은 우주 역사 전체, 전체 그림을 관장합니다.

그렇기에 하느님과 창조에 관해 생각할 때는 '전체 그림'에 관심을 두어야 합니다. 시간의 기원에 관한 질문은 우주 역사 전체에서 무슨 일이 일어나고 있는지를 묻는 것보다 한 단계 아래에 있습니다. 우주의 시작은 매우 단순했습니다. 초기 우주는 거의 균일해서 팽창하는 에너지 구球,ball와 같았습니다. 즉 우주는 그보다 더 단순할 수 없을 정도로 단순했습니다. 우주론자들이 초기 우주에 대해 그렇게 확실하게 말하는 것이 가능한 이유 중 하나는 우리 우주 자체가 매우 단순한 시스템이기 때문입니다. 그렇게 단순한 데서 시작한 우주는 140억 년에 걸쳐 엄청나게 복잡해지고 풍부해졌습니다. 인간은 이처럼 풍요로운 역사를 통해 만들어진 것 중에서도 가장 복잡하다고 알려진 존재입니다. 수백억 분의 1초밖에 되지 않던 시점에서는 기본적인 원자들이 섞여 있는 뜨거운 도가니에 지나지 않았던 우주가 이제 우리 모두(종교인과 과학자 모두)가 사는 거주지가 되었습니다. 이를 위해 우주의 물리적 구조 안에 인류를 위한 '미세한 조율'이 이루어졌다는 점을 기억하십시오. 이토록 경이롭게 비옥한 우주가 그저 우연히, 아무런 목적도 없는 활동으로 생겨난 것으로 보이지는 않습니다. 하지만 잠시 멈춰 서서 더 자세히, 더 깊이 우주 역사를 관찰하면 더욱 수수께끼 같은, 문제적인 그림이 드러납니다. 이렇게 풍요로운 복잡성으로 진화되는 과정의 상당 부분을 우리는 이해하고 있습니다. 그러나 과정의 순간순간은 서로 배치되는 두 가지가 상호작용한 과정이기도 합니다. 이 두 가지는 '우연'과 '필연'입니다. 먼저 이 애매한 단어의 의미를 정의하고 이야기를 이어가는 편이 좋겠습니다. '우연'이란 어떤 사건이 그냥 일어난 것을 뜻합니다. 다른 식으로 될 수도 있었지만, 그냥 그렇게 되었다는 뜻입니다. 반면 '필연'은 자연법칙의 규칙성을 의미합니다. 이 법칙은 사건이 어떻게 발생할지를 좌우하는 규칙성입니다. 이해하기 쉽도록 몇 가지 예를 들어보겠습니다.

앞서 살폈듯, 초기 우주는 완벽하게 균일하지는 않았습니다. 거기에는 주름이 있어서 한쪽에는 다른 쪽보다 조금 더 많은 물질이 존재했습니다. 이러한 변동은 우연입니다. 즉 우발적입니다. 하지만 이 주름은 필연에 의해, 즉 중력의 법칙을 따라 강화됩니다. 조금 더 물질이 많은 쪽에 더 많은 중력이 가해집니다. 그 결과 그편으로 더 많은 물질이 끌어당겨 집니다. 차이는 눈덩이가 불어나듯 커지고, 약 10억 년이 지나면서 우주에는 은하들과 같은 덩어리가 생기고, 은하에는 별과 같은 덩어리가 생깁니다.

우리에게 좀 더 친숙한 생물 진화 이야기도 마찬가지입니다. 유전자의 돌연변이는 우연입니다. 돌연변이는 가끔 '그냥' 발생합니다. 그렇게 새로운 형태의 생명체가 발생하고(우연), 그 생명은 질서정연한 환경에서, 자연선택으로 도태되거나 보존됩니다. 유전 정보가 아무 변화 없이 한 세대에서 다른 세대로 전이된다면 새로운 생명체가 생겨날 수 없습니다. 한편 유전 정보가 충분히 잘 전달되지 않으면 어떤 생명체도 영속하지 못합니다. 이토록 비옥한 우주가 되기 위해서 우주는 너무 완고해서도 안 되고, 너무 느슨해서도 안 됩니다. 우주는 우연과 필연을 모두 필요로 합니다. 참된 새로움 novelty은 '혼돈의 가장자리'에서 발현합니다.

우연은 새로움을 만들어내는 엔진입니다. 필연은 풍성함

을 유지합니다. 여기까지는 평이합니다. 그렇다면 우연의 역할은 신학의 주장(우주의 역사가 하느님의 목적을 드러낸다는 주장)을 부인하는 것 아닐까요? 생물학자들은 그러한 식으로 보는 경향이 있습니다. 그들은 물리학자들보다 우주 역사를 관통하는 미세하게 조율된 기본원칙들에 별다른 감명을 받지 못한 것 같습니다(심지어 잘 모르는 이도 있는 듯합니다). 노벨상을 받은 프랑스의 생화학자, 자크 모노Jacques Monod*는 『우연과 필연』Le Hasard et la Nécessité(1972)라는 책에서 진화의 역사를 살펴본 뒤에 이렇게 결론을 내립니다.

인류는 자신이 우주로부터 우연히 발생하여 냉혹한 우주의 광대함 속에서 홀로 존재한다는 것을 마침내 깨닫게 되었다.

---

* 자크 모노(1910~1976)는 프랑스의 분자생물학자다. 파리 대학교에서 화학을 공부하였으며 1941년에 박사 학위를 받았다. 1945년에 파스퇴르 연구소에 들어간 뒤, 앙드레 르보프가 주재하는 미생물 생리연구실에서 대장균의 적응효소에 관한 연구를 하였다. 이후 1954년에 세포 생화학 분과를 개설하여 과를 이끌었다. 1961년에는 프랑수아 자코브와 공동으로 효소의 유전적 조절작용에 대해 연구하였으며 1965년 르보프, 자코브와 함께 노벨 생리 · 의학상을 받았다. 1971년 파스퇴르 연구소장이 되었으며, 파리 대학교와 콜레주 드 프랑스 교수를 지냈다. 주요 저서로 『우연과 필연』(궁리)가 있다.

모노에게 우주의 역사는 얼간이가 들려준 이야기에 불과했습니다. 우주는 우연히 만들어진 것에 불과하니 말입니다.

하지만 우주의 역사를 꼭 그렇게 봐야 할까요? 저는 그렇게 생각하지 않습니다. 과학이 전해주는 우주와 우주 역사에 관한 이야기는 우주의 더 깊은 의미, 더 깊은 목적을 묻는 것과 관련해 무엇을 믿어야 할지 일정한 제약을 가할 수 있습니다. 하지만 과학은, 과학만으로는 그 답을 결정할 수 없습니다. 신학적 결론을 내릴지 무신론적 결론을 내릴지 결정하기 위해서는 좀 더 광범위한 고찰을 해야 합니다. 여기에는 형이상학적 판단을 위한 공간이 남아 있습니다. 앞에서 저는 우주의 합리적인 아름다움과 미세한 조율이 하느님에 대한 믿음을 뒷받침할 수 있음을 이야기했습니다. 하지만 그것을 '증명'할 수 있다고, 증명을 통해 그렇게 믿도록 요구할 수 있다고 주장하지는 않았습니다. 마찬가지로 저는 모노나 그를 따르는 사람들(이를테면『눈먼 시계공』The Blind Watchmaker(1986)*의 저자인 리처드 도킨스Richard Dawkins)이 이야기하듯 무신론이 옳다는 것을 '증명'할 수는 없다고 봅니다. 결국 우리는 그 전반을 고려할 때 무엇이 가장 합리적인지를 평가해야 합니

---

* 『눈먼 시계공』(사이언스북스)

다. 우연과 필연의 역할에 대해 가능한 다른 해석을 해보겠습니다.

조심스레 제안하면 하느님은 세상을 창조하려던 때 딜레마에 부딪혔던 것 같습니다. 신실함과 인자함이 서로 충돌했던 것이지요. 하느님은 신실하셔서 그 신실한 본성을 따라 창조세계를 안정감 있게 관리하는 것이 마땅했습니다. 하지만 안정성이라는 속성은 전혀 새로운 일이 일어날 수 없는 순전한 완고함이 되어, 시계처럼 굴러가는 우주로 귀결될 가능성이 있었습니다. 한편 하느님에게는 사랑이라는 속성 또한 있고, 사랑은 그 속성상 창조세계에 독립성을 부여해 주게 되어 있습니다. 부모가 된 이들은 이 같은 상황을 잘 이해할 수 있을 것입니다. 부모에게는 아이가 복잡한 도로가 있는 위험한 세상으로 나가 혼자 자전거를 타도록 허락해 주어야만 하는 때가 옵니다. 그렇게 자녀를 '내버려 두는' 일이 아이의 성장 과정에 꼭 필요합니다. 하지만 독립성은 본질상 마음 내키는 대로 해도 된다는 허락으로 퇴보할 수 있고, 그렇기에 우주에 허락된 독립성은 무질서하고 혼란스러운 우주로 귀결될 가능성이 있습니다.

저는 사랑과 신실함을 모두 갖고 계신 하느님이 독립성과 안정성이라는 한 쌍의 능력을 창조세계에 주셨다고 믿습니다. 실제로 우주의 진화 역사는 우연과 필연이 풍성하게 상호작용하고 있음을 잘 보여줍니다. 우연은 예상보다 훨씬 더 긍정적인 역할을 합니다. 모노와 도킨스는 우연이라는 말 앞에 굳이 '눈먼'이라는 형용사를 붙여서 우주의 무목적성과 무의미성을 연상시키려 합니다. 하지만 그처럼 편향적인 단어 선택에 속을 필요는 없습니다. 우연과 필연이 얽히며 물리적 세계는 인류를 탄생시켰습니다. 우연은 물리적 세계에 부여된 그 풍성함을 탐험하고 실현하는 하나의 길일 수 있습니다. 생화학자이며 성공회 신부인 아서 피콕Arthur Peacocke[*]은 『창조와 과학의 세계』Creation and the World of Science(1979)에서 우연을 "모든 탐색 가능한 대상을 훑고 지나가는 하느님의 탐지 레이더"라고 기술했습니다.

하느님과 창조세계가 맺고 있는 관계에 관한 그림 중 그

---

[*] 아서 피콕(1924~2006)은 영국의 생화학자이자 성공회 사제다. 옥스퍼드 대학교 엑서터 칼리지와 버밍엄 대학에서 생화학을 공부했고 옥스퍼드 대학교 세인트 피터스 칼리지에서 생화학을 가르쳤다. 1971년 성공회 사제가 되었고 이후 케임브리지 대학교 클레어 칼리지, 툴레인 대학교 등에서 강의를 하다 세인트 피터스 칼리지로 돌아와 1999년까지 이언 램지 센터장을 역임했다. 존 폴킹혼과 더불어 종교와 과학의 대화라는 분야의 선구자로 평가받으며 이에 대한 공로로 2001년 템플턴 상을 받았다. 주요 저서로 『과학 시대를 위한 신학』Theology for a Scientific Age, 『과학으로부터 신으로 향하는 길』Paths from Science Towards God, 『DNA에서 사제로』From DNA to Dean 등이 있다.

리스도교 신학에서 받아들일 수 없는 두 극단적인 그림이 있습니다. 하나는 우주를 하느님의 인형극장으로 보는 견해입니다. 창조주께서 인형극을 하듯 일일이 줄을 잡아당겨서 그분이 조절하는 대로 모든 피조물이 춤을 춘다는 것이지요. 하지만, 사랑의 하느님이 그와 같은 우주의 폭군일 수는 없습니다. 한편 하느님은 그저 무심한 관객도 아닙니다. 그분은 우주를 잘 설계하고 난 뒤에는 우주가 저절로 돌아가도록 내버려 두지 않으십니다. 우리는 이 두 극단 사이에서 바른길을 찾아야 합니다. 우주 역사는 변경이 불가한, 가차 없는 하느님의 계획이 펼쳐지는 장이 아닙니다. 진화하는 우주는 많은 부분을 스스로 구현합니다. 신학적으로는 창조주께서 그렇게 되도록 허용하셨다고 이해해야 합니다. 하지만 이러한 자기 구현은 미세하게 조율된 가능성 안에서 일어납니다. 저는 하느님이 섭리 아래 우주의 역사와 상호작용한다고 믿습니다(이 마지막 논점은 다음 장에서 다루겠습니다). 즉, 창조란 이미 완성된 것의 시작이 아니라 지속적인 과정입니다. 앞서 이야기했지만, 하느님은 140억 년 전 창조주셨듯 오늘도 창조주이십니다.

지속적인 창조 과정에는 창조물들이 자유롭게 반응할 수 있는 공간이 있습니다. 그렇기에 역사가 진행되는 과정에서 수많은 '우연'이 일어납니다. 저는 인간이 다섯 손가락을 갖도록 처음부터 결정되어 있었다고 믿지 않습니다. 그저 우연히 그렇게 되었을 것입니다. 하지만 저는 자각하는 능력이 있는, 예배할 줄 아는 존재가 우주 역사에서 우연히 생성되었다는 이야기도 믿지 않습니다. 다시 말해, 우주 역사에 전반적인 목적이 있고, 그 일은 여러 일을 거쳐 성취되지만, 실제 일어나는 일들의 세부 내용은 역사의 우발성(다른 일이 일어날 수도 있었는데 이런 일이 일어나는 식)의 몫으로 남습니다. 이 세 번째 그림에 따르면 창조주의 인도를 따라 우주는 풍성해집니다. 하지만 동시에 우주는 자신만의 독특한 방식에 따라 그 풍성함을 실현할 수 있는 능력을 허락받았습니다. 우연은 눈먼 무목적성의 상징이 아니라 자유의 상징입니다.

이러한 특징을 가진 우주에는 극단적인 면이 있을 수밖에 없습니다. 우연과 필연이 뒤섞인 세계는 퇴보할 수도, 새로운 것이 나타날 수도 있습니다. 막다른 골목에 이를 수도 지름길로 가게 될 수도 있습니다. 이 지점에서 우리는 긴 우주의 역사 내내 존재하던 물음을 마주하게 됩니다. 바로 악과 고통의 문제입니다. 이것이 왜 문제인지는 따로 언급할 필요도 없습니다. 악과 고통은 그 속성상 우리를 당혹스럽게 하며, 우리 중 누구도 여기서 자유롭지 못하기 때문입니다. 우리는 부당하게도 불운으로 삶이 꺾이고 손상된 이들을 알고 있습니다. 암이 존재하고, 강제수용소가 있는 이 세계가 정말로 권능과 사랑을 지닌 하느님의 피조물일까요? 악과 고통은 우리가 하느님을 믿지 못하게 만드는 가장 커다란 난제입니다. 하지만 믿음을 붙들고 있는 이들도 인간의 쓰라린 경험이 던지는 어려운 문제들을 늘 인식하고 있습니다.

두 가지가 문제입니다. 그중 하나는 흔히 '도덕적 악'moral evil이라 부르는 것, 인간이 선택한 악, 잔인성, 태만 같은 것입니다. 하지만 선 대신 악을 택할 가능성이 없는 세계는 선을 택할 자유도 없는 세계입니다. 우리는 비도덕적인 일을 할 가능성을 갖고 있는, (그렇기에) 도덕적인 존재들입니다. 우리는 자동으로 완전하게 선한 일만 할 수 있게 프로그램화된 기계가 아닙니다. 분명, 우리를 악한 방향으로 밀어붙이는 사회적 압력 때문에 종종 우리의 선택에 제한을 받습니다. 근래에도 국지적인 규모 혹은 세계적인 규모의 전쟁들이 계속해서 일어났습니다. 통탄할만한 일입니다. 이러한 분쟁 중에는 어느 편이나 잔혹한 행위를 저지릅니다. 이는 개인이 품은 증오에서 비롯되기도 하고 자신이 속한 공동체가 품은 증오에서 비롯되기도 합니다. 과거에 자행된 악에 대한 기억이 축적되면서 양측에 속한 이들에게는 증오가 쌓입니다. 개인이나 집단 단위로 하는 인간의 선택은 많은 고통의 근원이 됩니다. 그렇다고 해서 인간을 기계로 바꾸려 해서는 안 됩니다. 우리에게는 도덕에 대한 본능이 있습니다. 우리는 종종 목적을 관철하려 강제력(가령 상습적 성범죄자를 강제로 거세시키는 것)으로 물러서곤 하지만 말입니다. 철학자들은 이러한 통찰에 '자유의지 변론'the free will defense라는 이름을 붙입니다. 인간의 자유라는 더 큰 선을 위해 악이 발생할 가능성을 열어두는 것, 그것이 더 큰 선을 위해 치러야 하는 대가라는 것이지요.

이에 동의하더라도 두 번째 문제가 남습니다. 우리 삶에 종종 찾아오는 병, 재앙과 같은 물리적인 '악'의 문제입니다. 이 물리적 악은 우리의 잘못과 엮여 더 악화되기도 합니다. 가령 우리가 부주의하게 발암물질을 흘려 환경을 오염시킨다거나, 땅값이 싸다는 이유로 지진이 잘 발생하는 지역에 학교를 짓는다거나 하는 일들처럼 말입니다. 하지만 이러한 물리적 악의 근본적인 책임은 우리에게 있지 않습니다. 직설적으로 말하자면, 이러한 물리적인 악의 책임은 분명 세상을 그렇게 창조한 하느님에게 있습니다. 이러한 일들을 만들어 내는 창조주를 어떻게 변호할 수 있을까요?

우리는 우리가 세계를 창조했더라면 이보다는 잘 만들었

을 것이라고 믿는 경향이 있습니다. 좀 더 세심하게 신경을 써서 아름다운 석양은 그대로 두고 포도상구균 같은 것은 제거하면 된다고 생각하는 것이지요. 하지만 우주가 운행되는 과정을 더 깊이 이해할수록, 이렇게 취사 선택할 수 있는 가능성은 점점 낮아집니다. 창조질서는 마치 꾸러미와 유사하기 때문입니다. 진화가 가능하도록 세포를 변이시키는 생화학적 과정이 곧 세포를 암세포로 바꾸거나 종양을 일으키는 그 과정입니다. 하나를 선택하고 다른 하나는 버릴 수 있는 것이 아니라는 뜻입니다. 즉 질병의 가능성은 쓸데없이 괜히 생겨난 것이 아니라, 생명을 위해 꼭 치러야 하는 대가입니다.

우주에 질서가 있으려면 그럴 수밖에 없습니다. 물론 하느님이 마술적인 세계를 창조할 수도 있었을 것입니다. 세포들이 악성으로 변할 때마다, 우리 손이 불에 너무 가까이 다가갈 때마다 일일이 개입하실 수도 있었겠지요. 하느님에게 그럴 능력이 있다는 것은 의심할 여지가 없습니다. 하지만 그것은 하느님의 성품에 반反하는 것입니다. 하느님이 '전능'하다는 말이 무슨 뜻인지 이해하는 것이 중요합니다. '전능'이란 하느님이 일종의 변덕을 부려서, 자신이 좋아하는 일이면 무엇이든 한다는 뜻이 아닙니다. 실상 하느님이 '좋아하는 일'이란 하느님이 어떤 존재인지에 따라 달라질 것입니다. 하느님이 합리적이라면 합리적인 우주를 창조할 것입니다. 그리스도교에서 고백하는 하느님은 마술사가 아니므로 마술적인 세계를 만들지 않으셨습니다. 마술로 운영되는 세계는 도덕적으로 책임을 지는 존재들이 사는 세계가 될 수 없습니다. 그러한 세계에서 일어나는 일이란 우리의 행위로 인한 결과가 아닐 것이기 때문입니다. 운행할 비행기를 성실히 점검하거나 아픈 사람을 돌봐주려고 애쓸 필요도 없습니다. 우리가 책임지고 있던 일들을 엉망으로 망쳐 버린다 해도 무슨 상관이겠습니까? 무슨 일이 생기든 하느님이 모든 것을 제자리로 돌려놓을 테니 말입니다. 이렇게 마술적인 방식으로 하느님이 끊임없이 개입하는 세계는 진정한 창조세계가 될 수 없습니다.

옥스퍼드의 신학자 오스틴 패러Austin Farrer*는 리스본에서 발생한 지진에 대해 이렇게 자문했습니다. '이 지진에 대한

---

* 오스틴 패러(1904~1968)는 영국의 성공회 사제이자 신학자다. 옥스퍼드 대학교 발리올 칼리지에서 공부했고 커드스돈 신학교에서 사제 훈련을 받은 뒤 사제가 되었다. 이후 옥스퍼드 대학교 키블 칼리지의 학장을 지냈다. 공관복음서 문제에 대한 연구로도 유명하며 성서와 전례, 철학적 신학 등 다양한 영역의 저술을 남겼다. 주요 저서로 『의지의 자유』The Freedom of the Will, 『믿음을 구하기』Saving Belief, 『인간의 목적』The End of Man 등이 있다.

하느님의 뜻은 무엇인가?' 이 끔찍한 재앙은 1755년 모든 성인의 날All Saints Day에 일어났습니다. 수많은 사람이 교회를 찾았고 교회 건물이 전부 무너지면서 5만 명이 죽었습니다. 이 사건은 자연이 행하는 악의 아주 쓰라린 예입니다. 패러의 답은 가혹했으나 진실이었습니다. "지각을 구성하고 있는 요소들이 그 본성을 따라 작용하는 것, 그것이 곧 하느님의 뜻"이라는 것이었지요. 다시 말해, 하느님은 땅이 자신의 방식대로 움직이도록 허락하셨다는 뜻입니다. 우리가 우리의 방식대로 존재하도록 허락하셨듯 말이지요.

저는 이를 '자유 과정 변론'the free process defense라고 부릅니다. 자유의지 변론이 도덕적인 악에 관련된 것이듯 이 논증은 자연에서 발생하는 악과 관련된 것입니다. 하지만 이 논증에는 질문이 뒤따릅니다. '인간에게 자유를 허용하셨다는 것에는 어떤 도덕적인 가치가 있다고 할 수도 있습니다. 하지만 땅에 그런 자유를 허용하신 것에는 무슨 의미가 있습니까? '자유'라는 단어를 무생물에 적용하는 것은 실은 그저 언어도단 아닙니까?' 네, 충분히 그렇게 반문할 수 있습니다.

하지만 생물과 무생물을 깔끔하게 분리할 수 있을까요? 저는 그것이 정말 가능한 일일지 의심스럽습니다. 우리는 애초에 그 '배경'에서부터 생겨난 존재들입니다. 그 배경에서 우주가 생겨났고 우리는 우주라는 드라마의 등장인물입니다. 생물은 무생물로부터 진화했으며 우리의 본성은 우리를 태어나게 한 물리적 세계의 본성과 연결되어 있습니다. 다시금 말하지만, 저는 이것이 한 묶음으로 이루어지는 일이라고 생각합니다. 자유로운 과정을 허용하는 우주만이 자유로운 의지가 허용되는 존재를 탄생시킬 수 있습니다.

저는 살인 행위나 암의 발생이 하느님이 '의도'한, 그분의 뜻이라고 믿지는 않습니다. 다만 그분은 피조물이 세계에서 자신의 본성대로 존재할 수 있도록 허용하였고, 그 허용에는 그러한 일들이 발생할 가능성까지가 포함되어 있다고 믿습니다. 그렇다면 이 세계의 고통과 악은 하느님이 약해서, 하느님이 그러한 고통에 냉담해서, 하느님이 고통을 간과하기 때문에 발생하는 것이 아닙니다. 이 논증에서 모든 고통과 악은 하느님이 아닌 다른 피조물들이 고유한 존재로 존재하도록, 창조세계가 하느님의 엄격한 통제만을 따르는 데서 벗어나 고유한 자기 자신이 되기 위해 치르는 불가피한 대가입니다. 하지만 그렇더라도, 고통은 여전히 신비로 남습니다. 어린아이를 둔 엄마가 불치의 병에 걸리는 일이 끔찍한 하느님의 형벌, 하느님의 무관심으로 인한 결과가 아니라 하더라도, 암이 발생할 가능성 자체가 정말 새 생명의 진화를 위한 불가피한 대가라고 하더라도, 이 상황의 참담함이 사라지지는 않습니다. 여기에는 지적인 논증만으로는 도달할 수 없는 심오한 문제가 남습니다.

제가 그리스도교인이 된 주된 이유 중 하나는 그리스도교가 가능한 가장 깊은 수준에서 고통의 문제를 다루고 있기 때문입니다. 그리스도교에서 하느님은 자신이 만들어낸 이상한 세계가 겪는 고통을 측은하게 내려다보는, 동정심 많은 구경꾼이 아닙니다. 그리스도교는 창조주 하느님이 세계의 고통에 동참했다고 믿습니다. 그리스도교는 하느님이 세계 바깥에서 고통을 측은히 여기는 것이 아니라, 하느님이 직접 그 고통을 느끼고 있다고 믿습니다. 이것이 그리스도의 십자가가 품고 있는 의미 중 하나입니다.

그리스도교인은 하느님이 예수 그리스도를 통해 실제로 참 인간의 삶을 사심으로써 우리와 운명을 공유하셨다고 믿습니다. 흥미진진하고도 엄청난 주장입니다. 하느님이 자신의 본성을 가장 쉽고 명백한 언어, 즉 한 인간의 삶과 죽음을 통해 우리에게 알려 주셨다는 뜻이기 때문입니다. 심오하고 신비로운 이야기입니다. 저는 다른 책(『세상이 존재하는 방식』)에서 이 주장이 왜 참인지를 설명한 바 있으니 여기서 그 논의를 반복하지는 않겠습니다. 대신 이 부분만 짚고 넘어가겠습니다. 그리스도교인들은 아주 오래전부터, 가장 오래된 신약 문서들에서도 자신들이 체험한 예수 그리스도를 하느님이자 동시에 인간으로 표현했습니다. 이해하기가 어려운 조합임에도 그리스도인들은 이 둘을 함께 붙들었습니다. 이는 앞서 언급한 물리학자들이 빛을 다루었던 방식과 비슷한 면이 있습니다. 물리학자들은 빛이 파동임과 동시에 입자라고 이야기해야만 했습니다. 두 가지가 어떻게 조화를 이루는지 알아내기 훨씬 전부터 이 둘을 함께 사용했지요. 예상치 못한 식으로 문제가 해결되기까지는 일단 어떻게든 버텨야만 하는 시기가 있는 법입니다.

예수를 이렇게 이해하는 것이 옳다면 십자가에 달린 외로운 인간을 통해 우리는 하느님이 고통을 받아들이시며 이 세계의 아픔을 끌어안으시는 것을 보게 됩니다. 우리가 불행을 겪을 때 하느님은 우리 위에 계신 것이 아니라, 그 어둠 가운데 우리와 함께하십니다. 제2차 세계대전 때 있었던 일입니다. 포로수용소에서 어린 유대인 소년이 게슈타포가 설치한 교수대에 목이 매달려 몸을 비틀며 죽어가고 있었습니다. 군중들은 강제로 그 교수형을 지켜보아야 했습니다. 이를 보던 유대인 군중 중 한 명이 울부짖었습니다. "하느님은 지금 어디에 계시는가?" 이때 한 사람은 자기 안에서 이런 답이 울려 퍼지는 것을 들었습니다. "하느님은 저 교수대에 매달려 계시다." 이런 통찰, 하느님이 우리와 함께 고통을 받는다는, 그리고 이것이 예수 그리스도의 십자가에서 역사적으로 구현되었다고 믿는 그리스도교의 통찰은 가장 깊은 수준에서 고통의 문제를 다룬다고 할 수 있습니다.

한 가지 더 언급할 것이 있습니다. 지금까지 악과 고통의 문제에 대해서 생각해 보았다면 이제는 소망에 대해서도 생각해 보아야 합니다. 인간이 경험하는 수많은 어두움에도 불구하고 우리에게는 결국 모든 것이 잘 될 것이라는 깊은 직관이 있습니다. 한밤중에 놀란 아이를 달래며 엄마가 "괜찮아"라고 말할 때 그녀는 애정 어린 거짓말을 하는 것이 아님을 우리는 알고 있습니다. 한 인간이 성장하는 데, 아이가 어른으로 자라나는 데 그렇게 아이를 안심시켜주는 일이 근본적으로 필요하다는 사실을 알기 때문입니다. 저는 이것이 사물이 존재하는 방식에 대한 참된 통찰을 반영한다고, 그것이 정말 진실이기에 우리가 그렇게 말하는 것이라고 믿습니다. 우리의 진실한 직관을 거스르는 수많은 현실에도 불구하고 실재는 우리 편입니다. 우리는 "무심한 우주에 홀로" 존재하고 있는 것이 아닙니다. 세계는 우리의 집입니다. 비옥하면서도 비참한 우주의 이면에는 하느님의 변함없는 사랑, 자비로운 뜻과 목적이 있습니다. 이것이 없다면 어떻게 우주가 이런 식으로 될 수 있었는지 알 길이 없습니다.

결론을 지으며 창세기의 첫 두 장이 지금까지 이 책에서 말한 내용과 어떻게 이어지는지를 설명해야 할 듯합니다. 성서는 제게 매우 중요하며 저는 성서를 존중합니다. 그렇기에 저는 성서에 담긴 내용의 뜻을 파악하기 위해 노력합니다. 아시다시피 성서는 한 권의 책이 아닙니다. 오히려 성서는 도서관에 가깝습니다. 이 도서관에는 온갖 종류의 글, 시와 산문, 역사와 이야기, 법조문, 편지 등이 포함되어 있습니다. 시를 산문처럼 읽는 것은 크나큰 실수입니다. 로버트 번즈Robert Burns가 연인이 붉디붉은 장미와 같다고 말한 것은 장미와 사랑에 빠졌다거나 연인이 실제로 장미처럼 초록 잎과 가시가 달려 있다는 뜻이 아닙니다.

이처럼 창세기 1~2장을 하느님이 보증한 과학 교과서로 읽는 것은 큰 실수입니다. 실상 창세기 1~2장은 그보다 훨씬 흥미롭습니다. 창세기는 신학적인 글이며, 존재하는 모든 것이 하느님의 뜻에 의해("하느님이 …이 있으라고 말씀하셨다") 존재하게 되었음을 주장합니다. 초대 그리스도교인들은 이를 알고 있었습니다. 사람들이 문자적 해석을 주장하기 시작한 것은 중세 후기와 종교개혁 시대에 이르러서였습니다. 과학

의 발전으로 인해 문자적 해석이 불가능해지자 창세기 1~2
장은 문자적 해석으로부터 해방되어 다시금 (적절하게도) 신
학적인 글로 읽히기 시작했습니다. 실제로 하느님은 완결된
세계를 창조하지 않으셨습니다. 그분은 더 현명한 방식으로
세계를 창조했습니다. 세계 자신을 만들어 낼 수 있는 세계
를 창조하신 것입니다.

04
우리는 누구인가?

    오래전 제가 이론물리학 연구를 시작했을 무렵, 과학자들은 물질이 원자라는 작은 입자로 구성되어 있고, 원자는 양성자와 중성자라는 입자로 만들어진 핵, 그 주위를 도는 전자로 구성되어 있다고 믿었습니다. 그리고 제가 이 분야에서 일하는 25년간 과학자들은 양성자와 중성자 자체도 더 작은 입자들로 구성되어 있음을 알게 되었습니다. 그 입자들이 바로 그 유명한 쿼크와 쿼크를 결합시켜 주는 글루온입니다. 이는 물리학이 발전해가는 전형적인 방식입니다. 물리학은 물질을 더욱더 작은 것들로 분해합니다. 그리고 그 과정에서 온갖 중요하고 흥미로운 것들을 밝혀냅니다. 하지만 이것이 실제 사물을 알아내는 유일한 방법일까요? 결국, 우리는 쿼크와 글루온, 전자들이 엄청나게 복잡하게 모여있는 집합체에 불과할까요?

이 물음에 '그렇다'고 답하는 이들을 우리는 '환원주의자'reductionist라고 부릅니다. 그들의 견해에 따르면 전체는 단지 부분의 합일 뿐입니다. 인간이 기초 입자의 집합체에 '불과'하다고 믿기 때문에 이들을 종종 '불과-론자'라고 부르기도 합니다. 이 견해에 동의하지 않는 이들을 '반反환원주의자'anti-reductionist라고 부릅니다. 반환원주의자는 '전체는 그저 부분의 합 이상이다, 부분의 합은 전체와 다르다'고 믿습니다. 환원주의자는 물리학을 가장 근본적인 학문으로 여깁니다. 이때 생물학이나 인류학을 포함한 나머지 학문들은 아무리 복잡하더라도 결국 물리학에서 나온 결과일 뿐입니다. 하지만 반환원주의는 실재를 훨씬 더 넓게 봅니다. 반환원주의자에게 생물학은 그저 복잡한 물리학일 수는 없습니다.

이는 생명이 탄생하기 위해 일반적인 물질에 어떤 마술적인 요소가 더해져야 한다는 말이 아닙니다. 이러한 견해를 '생기론'vitalism이라고 하는데, 생명 현상의 생화학을 깊이 이해할수록 이 견해가 진실일 가능성은 떨어집니다. 생명체가 진화한 전체 이야기는 어떤 마술적인 요소가 갑자기 개입한 것이기보다 연속적인 과정인 것으로 보이기 때문입니다. 초기 화학적으로 풍부한 얕은 연못이었던 지구에서 최초로 자기복제 생명체가 만들어지고, 이후 생물의 진화를 통해 우리가 만들어진 역사 전체는 잘 이어지는 이야기인 것으로 보입니다. 이 풍요로운 역사의 모든 단계를 아직 우리가 다 이해하지 못하고 있는 것은 분명합니다. 특히 생명체가 발현하게 된 생화학적 과정은 현재로서는 알려져 있지 않습니다. 하지만 그 전체가 연속적인 과정이었다고 보는 편이 더 타당해 보이며, 언젠가는 그 과정을 이해하게 될 것이라고 기대할 수 있습니다.

그렇다면 '전체의 합이 부분과 다른' 특성, 그 새로움은 외부에서 무언가를 첨가해 생기는 것이 아니라 내부의 더 큰 복잡성의 결과일 것입니다. 다시 말해, 시스템이 점점 복잡해질수록 완전히 새로운 특성이 생겨나며, 그 특성은 부분을 해부해 설명하는 것만으로는 설명이 안 됩니다. 이를 이해하기 쉬운 예가 바로 물의 축축함wetness입니다. 한두 개의 물 분자 자체는 축축하지 않지만 수십억 개의 물 분자를 모아 놓으면 분자들이 상호작용하며 물이라는 집합체의 표면에 에너지를 발생시킵니다. 물리학자들은 이를 표면장력이라 부르며, 이 표면장력으로 인해 우리는 물의 축축함을 경험합니다.

축축함이 어떻게 생겨나는지를 간략하게 이해하는 것은 그리 어렵지 않습니다(물론 구체적인 과정의 세부 내용까지를 알아내기는 어렵습니다). 축축함은 모든 물 분자가 함께 만들어내는 집합적 효과입니다. 이는 에너지가 관련된 특성입니다. 모든 분자는 일정한 에너지를 가지며, 분자들을 모아 두면 분자들이 에너지를 나눠 갖는 방식이 달라지기도 합니다. 분자들 사이에서 새로운 방식으로 에너지가 재분배되는 것입니다. 축축함이 출현하는 데에 무슨 심오한 원리가 있는 것은 아닙니다.

이와 견주었을 때 의식consciousness의 출현은 매우 심오한 일입니다. 어떤 면에서는 우주 전체 역사에서 가장 놀랍고 중요한 일이라고도 할 수 있습니다. 팽창하는 구에 불과했던 우주가 자기 자신을 인식하게 된 것이니 말입니다. 인류를 통해 우주는 자신이 한때 팽창하는 에너지 구였음을 알게 되었습니다. 의식은 분명 에너지 패턴의 효과 이상입니다. 단순한 축축함보다 무한히 더 신비로운 특성이지요.

저는 신경심리학(뇌의 생화학적 과정을 연구하는 학문)이나 인공지능(거대한 양의 정보를 처리하는 컴퓨터의 능력)이 현저하게 발전했다고 해서 이러한 신비로움이 사라지리라고 생각하지 않습니다. 물론 이들 학문은 깊은 인상을 남길 정도로 발전하고 있습니다만, 아직 의식이라는 신비를 벗겨내는 일을 시작하지도 못했습니다. 뇌의 신경 네트워크에 대한 정교한 논의(그것이 아무리 복잡하다고 해도)와 우리의 정신적 경험(아주 기본적인 경험이라 해도) 사이에는 커다란 격차가 있습니다. 분홍색을 분홍색이라고 인식하거나, 배고픔을 느끼는 기본적인 인지 경험들이 무엇인지를 우리는 여전히 잘 모릅니다. 의식의 정수는 자각입니다. 컴퓨터가 자신의 존재를 자각한다면 우리가 컴퓨터의 의사를 묻지 않고 컴퓨터를 꺼 버리는 일은 비도덕적인 일이 될 것입니다.

과학 승리주의자들과 환원주의자들은 정신과 뇌의 관계라는 오래된 문제가 곧 풀릴 것이라고 말하지만, 이런 터무니 없는 주장에 오도되지 않아야 합니다. 물론 정신과 뇌 사이에는 밀접한 관계가 있습니다. 머리의 한 부분을 망치로 잘 때리면 그렇게 손상된 뇌는 우리의 사고 과정에 영향을 주는 것을 관찰할 수도 있습니다. 하지만 우리의 사고 작용은 신경계의 복잡한 패턴들이 형성되는 것 이상입니다. 정신은 단순히 물리적으로 '뇌가 하는 일'이 아닙니다. 의식의 발현은 에너지만으로는 설명할 수 없는, 근본적으로 새로운 것입니다. 실제로 의식이 무엇인지, 무슨 일이 일어나고 있는지를 정말 이해하려면 수 세기도 더 걸릴 것입니다. 물론 의식은 뇌에서 일어나는 일들과 관련이 있지만, 단순한 신경의 활동만으로 설명할 수는 없습니다.

우리의 사고는 계산과정 이상입니다. 인간은 살을 붙여놓은 컴퓨터 이상의 존재입니다. 철학자 존 설John Searle*은 중국어 방Chinese room의 비유를 들어 이 점을 잘 설명했습니다. 당신은 폐쇄된 사무실에 있습니다. 당신이 바깥세상과 소통할 수 있는 창구는 두 개뿐 입니다. 한 창구를 통해 당신은 난해한 문자들이 쓰여있는 종이를 받습니다. 당신은 당신이 미리 받은 두꺼운 책에서 그 종이에 적힌 문자와 비슷한 문자를 적어 두 번째 창구로 제출해야 합니다. 당신은 당신이 무슨 일을 하고 있는지 전혀 모릅니다. 그 문자는 실은 중국어 질문과 그에 맞는 답을 적어 넣는 일을 하고 있는 것입니다. 하지만 당신(컴퓨터)이나 당신이 받은 책(프로그램)은 그 내용을 전혀 이해하지 못합니다. 책을 쓴 사람(프로그래머)

---

* 존 설(1932 ~)은 미국의 철학자다. 위스콘신 대학교 매디슨 캠퍼스를 거쳐 옥스퍼드 대학교에서 학사, 석사, 박사 학위를 받았다. 옥스퍼드 대학교 강사를 거쳐 UC 버클리 교수가 되었다. 언어 철학, 심리 철학 및 사회 철학 분야에서 업적을 남겼다. 주요 저서로『정신, 언어, 사회』Minds, Language, and Society(해냄),『마음』Mind(까치),『신경생물학과 인간의 자유』Freedom and Neurobiology(궁리) 등이 있다.

만이 그 내용을 이해하고 있겠지요. 컴퓨터는 논리적인 작업 (구문론)은 뛰어나게 하지만 그 뜻(의미론)을 알아내는 능력을 전혀 갖고 있지 않습니다.

우리가 이 문제에 무지하다는 점이 달갑지는 않습니다만 우리는 정직하게 우리의 무지를 인정해야 합니다. 다행히도 우리의 이 깜깜한 무지 속에 비치는 희미한 빛줄기가 있기는 합니다. 20세기 과학은 물리적 세계가 기계적이 아니며, 서로 연결되어 있음을 깨달았습니다. 이 두 특성은 양자론이 지배하는 원자 세계에서도, 일상 세계(뉴턴이 발견한, 그러나 그가 깨달은 것보다 훨씬 더 흥미로운 역학이 작동하는 세계)에서도 드러납니다.

양자역학은 변덕스럽기로 악명이 높습니다. 양자 사건의 결과는 정확히 예측할 수 없습니다. 전자는 여기 혹은 저기에서 발견할 수 있으며 이러한 발견을 확률로 표현할 수 있습니다. 가령 우리가 찾는 전자는 대부분 '여기'에서 발견될 것입니다. 하지만 우리가 전자를 찾으려 하는 특정 경우 전자가 실제로 어디에 위치하는지를 알 수는 없습니다. 이러한 근본적 무작위성은 양자 세계를 예측 불가능하고 기계적이지 않은 세계로 만듭니다. 하지만 많은 양자 입자의 운동을 모으면(아주 작은 물질 조각에 대해서도 그렇게 해야 합니다) 이러한 변화와 불확실성이 서로 상쇄되면서 상당히 믿을 만한, 전반적인 운동의 패턴이 형성됩니다. 이는 마치 생명보험에서 일어나는 일과 비슷합니다. 보험회사는 당신이 언제 죽을지 모릅니다. 그저 당신과 비슷한 연령의 사람들이 수년 내에 죽을 확률을 알고 있을 뿐입니다. 보험회사가 충분히 많은 이들에게 보험료를 받으면, 회사는 이런 확률을 통해 충분히 돈을 벌 수 있습니다. 개인 간에는 차이가 있음에도 충분히 큰 집단의 행동 패턴은 어느 정도 예측이 가능하기 때문입니다.

이 사안과 관련해 더욱 흥미로운, 하지만 덜 알려진 양자 이론의 다른 특성이 있습니다. 일단 두 개의 전자(혹은 다른 양자 입자의 한 쌍)가 상호작용을 하고 나면 후에 둘이 아무리 멀리 떨어지게 되더라도 그들은 서로에게 영향을 미치는 힘을 갖게 됩니다. 전자 하나는 여기 실험실에 있고 다른 하나는 (이를테면) '달 너머'로 갔다고 하더라도, 실험실에 있는 전자에 어떤 작용을 가하면 그 영향이 저 멀리 달 너머에 있는 짝에게도 영향을 미친다는 것입니다. 이토록 놀라운 '분리됨 속의 연대성'이 양자 세계 구조에 들어있습니다. 아인슈타인은 이러한 특성을 발견한 선구자 중 하나였습니다. 이 특성이 너무나 이상했기에 그는 이것이 오히려 양자 이론에 무언가 오류가 있다는 증거라고 믿었습니다(아인슈타인은 한편으로는 양자역학의 대부라고 볼 수 있음에도, 양자역학의 진전을 달가워하지 않았으며 오히려 양자역학을 깎아내리려 했습니다).

1980년대 프랑스에서는 매우 영리한 실험을 통해 이 이상한 연대성이 실제로 존재한다는 것을 보여주었습니다(물론 실제로 전자를 달 너머로 보내지는 않았습니다. 아이디어를 검증할 수 있는 덜 극적인 방법을 찾아냈지요). 학계에서는 이를 'EPR 실험'이라고 부릅니다. 처음 이 실험을 한 아인슈타인과 두 젊은 공동 연구자인 보리스 포돌스키Boris Podolsky, 네이선 로젠Nathan Rosen의 이름을 따온 명칭입니다. 더 자세한 내용을 알고 싶은 분은 제가 쓴 『양자 이론』Quantum Theory 중 5장을 보시기 바랍니다.

뭔가 아주 중요한 일이 일어나고 있습니다. 소립자 물리학자들은 물리적 세계를 분리시켜 이해하려 시도하지만 물리적 현실은 이에 저항하는 듯합니다. EPR 실험은 원자들을 파고드는 방식만으로는 원자의 세계를 다룰 수 없음을 보여줍니다. 원자의 세계에는 우리가 깨뜨릴 수 없는 근본적인 상호연결이 있습니다. 양자 입자들은 심지어 매우 먼 거리에 있어도 서로 엮일 수 있습니다. 오늘날 과학자들은 이 놀라운 발견이 함축하는 내용을 이해하려고 노력하고 있습니다.

눈을 돌리면 우리는 우리의 일상, 양자 세계보다 큰 물리적 세계에서도 이와 비슷한 특징을 발견합니다. 이 물리적 세계의 행동들은 300년 전 뉴턴이 발견한 법칙으로 기술할 수 있으며, 사람들은 그 법칙을 꽤 잘 이해하고 있다고 생각했습니다. 하지만 오늘날 과학자들은 이 법칙이 아무도 예상치 못한 결과를 낳는다는 것을 알게 되었습니다. 대부분의 물리학자가 그렇듯, 저도 고전역학(끊임없이 진동하는 전자들과 같은 간단한 체계를 연구하는 것)을 배웠습니다. 이 체계는 꽤 견고합니다. 당신이 진자를 살짝 건드리면 진자가 진동하는 방식에 작은 영향을 미칩니다. 이는 우리가 잘 제어할 수 있는, 통제할 수 있고, 예측할 수 있는 체계입니다. 간단히 말해 기계적인 체계이지요. 이것이 벽시계가 작동하는 이유입니다. 한때 우리는 일상 세계 전체가 이렇게 기계적이며 예측 가능하다고 생각했습니다. 하지만 이제 우리는 과거의 우리가 틀렸다는 것을 잘 압니다. 물론 우리의 일상에는 시계가 존재합니다. 하지만 대부분의 세계는 기계보다는 구름에 가깝습니다. 대부분의 체계가 주변 환경에 매우 섬세하게 반응하며, 그렇기에 아주 작은 변화도 완전히 다른 행동을 만들어냅니다. 이러한 놀라운 발견을 사람들은 종종 '나비효과' butterfly effect라고 부릅니다. 어쩌면 당연하게도 지구의 기상 시스템을 이해하는 연구 과정에서 그러한 행동의 첫 번째 예가 발견되었습니다. 기상 시스템은 매우 민감하기에 오늘 아프리카 정글에서 나비가 한 날갯짓이 3, 4주 후 런던에 폭풍우가 오는 결과를 가져올 수 있습니다. 아프리카에 있는 모든 나비의 날갯짓을 다 파악할 수 없으니, 긴 기간을 두고 상세한 일기예보를 하는 것은 별다른 의미가 없습니다.

이러한 발견에 담긴 중요한 의미에 대해서는 이후에 조금 더 논하도록 하겠습니다. 이 장에서는 우선 이 발견의 두 가지 직접적인 결과를 살펴보려 합니다. 이토록 정교하고 섬세하게 반응하는 체계의 행동은 본질상 예측 불가능하며 기계적이지도 않습니다. 또한, 애초에 환경의 작은 변화에도 취약한 체계에서 환경을 분리하는 것은 불가능합니다. 다시 말하지만, 여기서 세계를 작은 조각으로 분리하고 나누려는 환원주의자들의 방법은 통하지 않습니다.

이와 비슷한 전체론적 맥락에서, 과학적 사고를 풍요롭게 해 줄 것으로 기대되는 또 하나의 흥미로운 발전이 있습니다. 아직 초기 연구단계에 있는 복잡성 이론complexity theory이 그것입니다. 오늘날 우리는 컴퓨터 모델을 활용해 다소간 복잡한 시스템을 연구할 수 있게 되었습니다. 그리고 이 연구를 통해서도 우리는 복잡한 시스템의 전체 행동이 시스을 구성하는 부분의 성질만으로는 인식할 수 없는 전혀 새로운 특징을 보인다는 것을 알게 되었습니다. 앞서 언급했듯 전체는 부분의 합 이상입니다. 더하면 달라집니다. 이를 이해하는 데 도움이 되는 스튜어트 카우프만Stuart Kauffman의 예시를 살펴보겠습니다. 자신의 컴퓨터에 적용할 수 있도록 그는 논리적으로 정의한 예를 들었지만 저는 이해하기 쉽도록 하드웨어를 예로 들어 설명하겠습니다. 많은 전구가 있습니다. 각 전구는 켜져 있거나 꺼져 있거나, 둘 중 하나입니다. 이 전구들로 이루어진 체계가 점진적으로 발전하는 데는 간단한 규칙이 있습니다. 규칙의 세부 내용이 중요한 것은 아닙니다만 그 규칙에 따라 다음 단계가 결정된다는 것을 알아둡시다. 한 전구(A)는 어딘가에 있는 다른 두 전구(B, C)와 연결되어 있습니다. A 전구가 다음 단계에서 꺼질지, 켜질지 하는 것은 A와 연결된 B, C 전구가 현재 꺼져 있는지 켜져 있는지에 따라 결정됩니다. 이 시스템은 무작위 상태(어떤 전구는 켜져 있고 어떤 전구는 꺼져 있는 상태)에서 출발합니다. 그리고 규칙에 따라 다음 단계로 이행합니다. 저는 여기에서 그다지 흥미로운 일이 발생하지 않을 것이라고, 그저 무작위로 어떤 전구는 꺼지고 어떤 전구는 켜지기를 반복할 것이라고 예상했습니다. 하지만 제 예상은 완전히 빗나갔습니다. 얼마 지나지 않아 전구의 배열은 스스로 체계화되고 놀랍도록 규칙적으로 행동하기 시작합니다. 어떤 규칙적이고 제한된 행동 패턴을 반복하기 시작하는 것입니다. 이렇게 자연적으로 생성된 질서는 놀라울 정도로 거대합니다. 만 개의 전구가 배열되어 있다면 이론적으로 10의 30승(0이 3000개나 붙는 숫자입니다. 책 한 권에 담기에도 너무 큰 숫자이지요)개의 다른 상태가 가능합니다. 하지만 이내 전구는 그저 100개 정도의 상태를 반복하는 것으로 밝혀졌습니다.

도대체 무슨 일이 일어나고 있는 것일까요. 현재로서는 그 답을 알지 못합니다. 이 현상 뒤에는 아마도 무언가 심오한 이론이 있을 것입니다. 저는 21세기에 그 이론이 발견되고, 그 발견이 과학적 사고에 혁명을 가져오리라 생각합니다. 구성 요소들 간의 에너지 교환에 근거해 물리적 세계의 운동을 파악하는 옛 사고도 분명히 계속될 것입니다. 하지만 '정보'(역학적으로 질서 있는 행동유형의 특성)를 기본 개념으로 하며, 시스템을 전체로 취급하는 새로운 형식의 사고가 이전의 과학적 사고를 보완할 것입니다. 그리고 그렇게 된다면 과학은 우리가 이 세계에 속해 있음을 더욱 잘 깨달을 수 있게 이 세계를 기술해 주는 새로운 방향을 제시하게 될 것입니다. 제가 팔을 들기로 하면 팔과 근육의 신경계가 움직입니다.

이렇게 분명히 부분이 작동하는 것이 사실입니다. 하지만 팔을 들기로 한 것은 '나'입니다. 나의 전인격, 어떤 전체 역시 존재합니다. 과학이 전체론적 사고를 진지하게 취하게 된다면 과학에게도 실제적인 소득이 있을 것입니다. 전체를 구성하고 있는 부분에서 출발하는 '상향식'bottom-up 움직임이라는 전통적 개념은 전체가 부분에게 영향을 미치는 '하향식'top-down 움직임이라는 새로운 개념으로 확장될 것입니다.

우리는 여전히 우리가 누구인지 잘 모르며, 이러한 통찰들도 무지한 우리를 비춰주는 희미한 빛에 불과한 것이 사실입니다. 하지만 이러한 새로운 발견이 저급한 환원주의를 지지하지 않는 것만은 분명합니다. 현실은 관계 위에 서 있습니다. 전체는 부분으로 구성되어 있으면서도 부분의 합을 넘어섭니다. 하지만 인간이 '유전자의 생존을 유지하는 기계'라거나 '살이 붙어있는 컴퓨터'라는 식으로 말이 안 되는 주장을 하는 과학자들이 너무 많습니다. 그러한 과학자들의 학문적 노력과 그들의 통찰력들이 전체를 이해하는 데 도움을 주기도 하고, 이를 전체를 이해하려는 시도에 포함할 수도 있습니다. 하지만 그들은 자신들이 발견한 규칙을 전체에 적용 가능한 것으로 과장합니다. 공교롭게도 그러한 주장을 하는 이들 대부분은 생물학자나 인지과학자들입니다. 왜 그런 것일까요?

실은 물리학자들도 그랬던 때가 있었습니다. 18세기 후반 물리학자들은 상당수가 '불과론자'였습니다. 뉴턴의 위대한 발견 이후 후속 연구가 이어졌습니다. 뉴턴은 그렇게 보지 않았지만, 그의 추종자들은 한동안 물리적 세계(주로 태양과 그 주위를 공존하는 행성으로 구성된 태양계)를 일종의 거대한 시계장치로 보았지요. 그들은 모든 것이 시계장치와 같을 것으로 생각했습니다. 그리고는 『기계로서의 인간』Man the Machine 과 같은 제목의 책들을 써댔습니다. 하지만 그렇지 않았습니다. 앞서 살펴본 대로, 뉴턴의 세계 내부에도 시계보다는 구름이 더 많기 때문입니다. 물론 현실이 그렇다 하더라도, 우리는 시계를 먼저 이해할 수밖에 없습니다. 절묘하고도 민감하게 반응하는 구름보다는 시계가 훨씬 이해하기 쉽기 때문입니다. 그렇기에 초기에 기계적인 세계를 발견했을 때 그 내용을 모든 지식에 적용하고픈 유혹도 있었던 것입니다.

저는 20세기 후반 생물학자들에게도 이와 거의 똑같은 일이 일어났다고 생각합니다. 생물학은 유전학의 분자적 기초를 밝혀내면서 위대하고 놀라운 양적 성공을 거두었습니다. 당연하게도 생물학자들은 이러한 성공에 꽤 만족했습니다. 하지만 이럴 때일수록 절제해야 하며 또 주의해야 합니다. DNA의 구조와 유전적 정보 전달은 본질적으로 기계적인 문제입니다(크릭Francis Crick과 왓슨James Watson이 이중나선 구조라는 유명한 모델을 만들 수 있었던 이유도 그 때문입니다). 그러나 그렇다고 해서 생명 현상의 모든 면이 기계적인 것은 아닙니다. 그렇다면 생물학은 그저 규모가 큰, 단순한, 간단한 물리학에 불과할 것입니다.

우리는 우리가 누구인지를 이해하지 못합니다. 하지만 그렇다고 해서 간편한 설명에 안주하려 해서는 안 됩니다. 우리는 인간의 기본 경험을 부정하거나 사소하게 만드는, 인간 본성에 대한 빈약한 설명이라면 그것이 무엇이든 거부해야 합니다. 물론 인간은 물리적 세계의 일부입니다. 그러니 반복되는 것, 측정 가능한 것에 초점을 맞추고 연구를 하는 과학자들에게도 인간이 무엇인지에 관해 알려줄 수 있는 부분이 있습니다. 하지만 그것이 전부는 아닙니다. 우리는 예술가들에게도 주목해야 합니다. 이 세계에 아름다움이 있다는 사실은 매우 중요합니다. 우리의 미적 경험이 그저 우리 뇌의 신경 배선들에서 나오는 감정의 부산물일까요. 그것을 우연히 생겨난 특이한 경험이라고 넘겨버려도 괜찮을까요. 오히려 예술은 실재의 본성에 관해, 과학과는 다른 방식으로 중대한 관점을 제공하는 창문일 수 있습니다.

작가들은 어떻습니까. 작가들은 이 세계가 도덕적 선택과 책임의 무대라는 것을 가장 심오한 방식으로 그려 줍니다. 물론 도덕적 체계에는 문화적인 요소가 들어있습니다. 하지만 '아이를 고문해서는 안 된다'는 제 확신이 그저 그러한 견해를 갖고 있던 사회에서 형성된 인습적 합의에서 나온다고는 믿을 수 없습니다. 사랑이 증오보다 낫고, 진실이 거짓보다 낫다는 것을 저는 그 어떤 지식보다 확실하게 압니다.

성인들과 종교적인 신비의 문제는 또 어떻습니까. 현대 서구사회의 불신앙은 역사적으로, 또 지리적으로 기이한 현상입니다. 세계 곳곳에, 전 역사를 통틀어, 인류는 우리를 넘어서는 동시에 우리 가까이에 존재하는 하느님, 심판과 자비로 인류를 대하는 어떤 실재를 만난 사람들의 인상적인 증언들이 즐비합니다.

환원주의자들은 이러한 인간 경험의 비과학적인 면모를 설명하고 이러한 경험들을 넘겨버리려 합니다. 환원주의자들이 주장하는 차갑고 딱딱하며 생명 없는 우주에는 이러한 경험이 들어설 자리가 없습니다. 그들에 따르면 음악은 단지 공기의 진동에 불과하며, 모나리자는 화학적 구성으로 분석 가능한 페인트칠의 모음에 불과합니다. 인간의 도덕적 의지나, 종교심 같은 것은 그저 이기적 유전자의 프로그램된 생존 전략에 불과할 뿐입니다. 현실에 대한 이러한 제한적인 관점이 말이 안 된다는 것은 아무리 강조해도 지나치지 않습니다. 이러한 관점 아래서는 가장 심오한 것들, 인간의 삶을 가치 있게 하는 모든 것이 가치를 잃고 폐기됩니다. 과학 제국주의는 정당성 없이 이러한 가치들을 희생시킵니다. 우리 한 사람 한 사람의 경험들을 그저 물질세계 표면의 거품 정도로 취급합니다. 이 삭막한 이야기에는 과학자들이 경험하는 경이(과학자들의 진정한 기초)가 설 자리가 없습니다.

우리가 사는 세계의 실재는 다층적이고도 풍부합니다. 창조주의 의지와 본성에 관한 종교적 설명은 이처럼 다양한 인간 경험들의 이면을 통합함으로써, 그 풍성함을 더욱 깊이 이해하도록 해줍니다. 이는 종교적 설명의 매력적인 면 중 하나입니다. 그러한 관점 아래에서는, 과학적 탐구는 하느님이 우주에 부여한 합리적 질서를 통찰하는 것이 되고, 우리의 미적 경험은 창조세계를 즐거워하는 하느님의 기쁨에 동참하는 것이 되며, 우리의 도덕적 감각은 선하고 완전한 하느님의 뜻에 대한 직관이 되고, 우리의 종교적 경험은 숨겨진 하느님의 현존과 만나는 것이 됩니다. 이 관점은 전체를 포괄하며 지적으로도 만족스럽습니다. 우리는 누구일까요? 우리는 하느님의 피조물입니다.

05

과학자도 기도할 수 있을까?

이 질문의 답은 기도를 무엇으로 정의하느냐에 달려 있습니다. 과학자들은 물리적 세계의 아름다움 앞에서 자주 경이로움을 경험하는데, 제가 보기에 이는 일종의 기도입니다. 하지만 누군가 '과학자들도 기도를 할 수 있을까요?' 같은 질문을 던질 때 대게 그 질문자가 염두에 두고 있는 것은 하느님에게 무언가를 요청하는 종류의 기도, 간구하는 기도일 것입니다. 신약성서는 "여러분이 바라는 것을 주님께 아뢰십시오"(필립 4:6)라며 기도를 격려합니다. 예수께서도 "구하라 그리하면 주실 것이다"라고 직접 말씀하시기도 했습니다. 기도는 사람이라면 누구나 하는 자연스러운 행동입니다. 간구하는 기도를 해보지 않은 사람은 거의 없습니다. 병원을 방문하기 시작하며 저는 기도의 필요성을 전보다 절실히 깨닫게 되었습니다. 제가 만난 환자들은 모두 심각하게 아팠고, 그중에는 죽음을 앞둔 환자들도 있었습니다. 그들을 위해 기도하지 않기란 불가능했습니다. 그들이 모두 그 자리에서 완전히 낫는 어떤 기적을 기대하며 기도한 것은 아닙니다. 그 자리에서 그들을 위해 기도한다는 것은 오히려 그들의 경험을 함께 나누는 한 길이자, 그들이 당면한 상황 속에 하느님의 은총을, 병에서 낫든 죽음을 맞이하게 되든 그 모든 일 가운데 하느님께서 함께 해주시기를 간구하는 일이었습니다.

저 자신이 심각하게 아프던 때 저는 이러한 기도가 정말로 효과적이라는 것을 배우게 되었습니다. 그러한 병중에 제 삶은 축소되었고 위축되었습니다. 병원 침대와 생명을 유지시켜 주는 약물이 제 삶의 전부가 되었습니다. 하느님은 저와 거의 무한히 먼 거리에 계신 것처럼 느껴졌습니다. 하지만 저는 저를 기억하며 저를 위해 기도하는 지인들의 기도가 저를 지탱하고 있다는 것을 깊이 알 수 있었습니다. 저 스스로는 기도할 수 없을 때 이웃들이 저 대신 실제적인 무언가를 해주고 있었습니다.

그렇더라도 궁극적으로 이 모든 기도는 그저 위안을 주는 심리적 현상에 불과한 것 아닙니까? 오늘날 우리가 정말 하느님께 뭔가를 요청하는 기도를 할 수 있습니까? 가뭄이 왔을 때 날씨를 바꿔 달라고 기도를 할 수 있다는 것입니까? 하늘의 수도꼭지를 열면 비가 내린다고 믿었던 시대에는 그런 기도도 가능했을 것입니다. 하지만 그렇게 믿기에는 이제 우리는 보다 복잡한 지식을 알고 있습니다. 날씨는 누군가가 손으로 조정하는 것이 아니라 그저 자연현상일 뿐이지 않나요? 과학이 이미 이 세계가 아주 질서 있고 규칙적이어서 하느님이 특별히 무언가를 할 구석이 남아 있지 않다는 것을 보여주지 않았던가요?

이 문제를 그렇게 서둘러 처리해 버리기 전에 생각해 보아야 할 것이 있습니다. 하나는 과학적인 부분이며 또 하나는 인간적인 요인, 또 하나는 종교적인 부분입니다. 먼저 과학적인 면을 생각해 봅시다.

세계가 거대한 시계와 같이 기계적으로 작동하며 하느님은 그 거대한 시계를 만든 눈에 보이지 않는 위대한 시계공이라면 의심할 것 없이 모든 것이 정해진 대로 진행될 것입니다. 그렇다면 우리는 그저 하느님이 현명하게 시계태엽을 잘 감아두어 나쁘지 않은 결말에 이르기를 바랄 수밖에 없을 것입니다. 하지만 앞선 장에서 이야기했듯 현대 과학은 세계를 그런 식으로 묘사하지 않습니다. 세계는 그보다 훨씬 더 미묘하고 아마도 더 유연합니다. 날씨라는 것은 엄청나게 복잡한 체계 속에 있어서, 토요일에 비가 올지 안 올지를 완벽하게 예측하기란 불가능합니다. 앞서 다룬 아프리카의 나비를 기억해 보십시오. 아주 작은 자극으로도 대단히 거대한 결과를 낳을 수 있습니다.

다음으로 인간적인 요인을 살펴봅시다. 이와 관련해서는 이 세계가 기계적으로 작동하지 않는다는 점을 논하려 현대 과학까지 들먹일 필요도 없습니다. 우리 자신이 기계가 아니라는 점을 우리는 어떤 과학 지식보다 확실하게 알고 있기 때문입니다. 어떤 철학자들은 이 점을 부정합니다만 무언가를 선택하고 선택에 책임을 지는 일은 인간으로서 기본적인 경험입니다. 물론 우리는 물리적 세계의 일부이기도 합니다. 즉 이 세계는 인간이 자유롭게 행동할 여지가 없을 만큼 꽉 짜 맞추어져 있는 곳이 아닙니다. 미래에 대한 가능성이 충분히 열려 있는 세계에서 우리가 뭔가를 행하는 것이 가능하다면 하느님도 또한 그 세계 속에서 뭔가를 행할 수 있다는 이야기가 되지 않겠습니까?

마지막으로 종교적인 면을 살펴봅시다. 그리스도교, 유대교, 이슬람교는 자신들이 믿는 하느님을 인격적인 용어로 표현합니다. 유한한 존재인 인간이 무한한 하느님에 관해 논하는 것이므로 우리의 언어와 이해로는 결코 충분하지 않다는 것을 우리는 잘 압니다. 인간이 하느님을 다루려 할 때, 그 첫 단계부터 인간의 언어는 모종의 방식으로 확장되어야 합니다. 그럼에도 인격적인 용어를 사용하는 것이 하느님을 기술하는 그나마 가장 적합한 방식이기는 합니다. 그리스도교는 하느님을 어떤 '힘'이 아니라 '아버지'로 여깁니다. 물론 이 말은 하느님이 저 맑고 파란 하늘 위에 계신 흰 수염을 늘어뜨린 할아버지라는 뜻은 아닙니다. 그리스도교, 유대교, 이슬람교 모두 그렇게 생각하지 않습니다. 아버지라는 말은 하느님이 인격적이고 개별적인 관심을 갖고 창조물을 돌보시는 분임을 의미한다고 볼 수 있습니다. 특정 상황에서 특정한 경우 자녀에게 특정한 일을 해줄 수 없는 아버지가 어떻게 아버지가 될 수 있겠습니까? 창조주는 거대한 우주 전체의 하느님일 뿐 아니라, 아브라함과 이삭과 야곱의 하느님이며 여러분과 저의 하느님이기도 합니다. 그분은 분명 구체적인 일을 할 능력이 있으십니다. 자연법칙이 하느님과 창조세계의 상호작용을 막을 수는 없습니다. 자연법칙이라는 것도 결국 성실한 창조주의 뜻을 표현한 것일 뿐이니 말이지요.

그렇다면 어떻게 우리와 하느님 모두가 이 세상에서 활동하는 것이 가능할까요? 이 지점에서 우리는 우리의 이해력에 한계가 있음을 인정할 수밖에 없습니다. 팔을 올리는 단순한 활동에 대해서도 우리는 우리가 팔을 올리겠다고 생각하는 정신작용이 어떻게 실제로 팔을 올리는 행동을 끌어내는지 모르기 때문입니다. 우리는 우리의 정신과 뇌가 어떻게 상호작용하는지 알지 못합니다. 모르기 때문에 추정밖에 할 수 없습니다. 이 부분을 추정하다 보면 우리는 두 가지 사실을 알게 됩니다. 우선 어떤 행위가 일어날 때 어떻게 그 행위가 일어나는지와 관련해 모종의 추측을 할 수 있습니다. 그리고 인간의 행위가 어떻게 일어나는지를 이해하는 것은 하느님의 활동을 이해하는 유용한 단서가 될 수 있습니다. 앞서 다룬 이야기가 이를 이해하는 데 도움이 될 것입니다. 물리적 세계는 매우 정교한 반응성sensitivity을 갖고 있으며, 제가 믿기로는 이 반응성이 모든 것의 핵심입니다. 달리 말해 우리는 구름 속에 있으며, 시계가 아닙니다.

이 반응성이라는 성질이 매우 중요합니다. 예를 들어보겠습니다. 우리를 둘러싼 공기를 생각해 봅시다. 알다시피 공기는 수많은 작은 분자로 구성되어 있고 이 분자들은 날아다니며 서로 충돌합니다. 각 분자는 100만분의 1초라는 아주 짧은 시간 동안 50회 이상 주변 분자들과 부딪힙니다. 이 분자들이 꼭 작고 둥근 당구공 같은 모양이라고 할 수는 없지만, 이들이 충돌하는 방식은 당구공과 유사합니다. 그래서 당구공 모형을 사용해 이 상황을 기술하는 것이 가능하지요. 분자가 당구공처럼 움직인다고 할 때, 50번의 충돌 후 분자 하나가 어떻게 움직이는지 예측하려면 우리는 무엇을 알아야 할까요? 분자의 처음 상황에 대한 정보가 얼마나 정확해야 할까요? 두 개의 당구공이 충돌하는 문제는 뉴턴이 풀어냈습니다. 두 개의 당구공이 어떻게 부딪히는지 정확히 안다는 가정 아래 완벽하게 확실한 답을 제시한 것입니다. 하지만 처음 당구공이 움직이는 방향에 대한 정보가 다소 불확실하다면, 두 공이 부딪힌 후 움직일 방향에 대한 예측도 훨씬 불확실해집니다(포켓볼을 쳐본 사람은 당구대 방향이 실수로 아주 조금 틀어진 것이 얼마나 막대한 실수로 이어지는지 알 것입니다). 한 번의 충돌에 대한 예측도 이렇습니다. 많은 충돌이 연속적으로 일어난다면 이러한 오차는 놀라울 정도로 커집니다(전문적인 표현을 쓰자면, 기하급수적으로 늘어납니다).

아주 간단한 계산을 하나 해봅시다. 관측 가능한 우주(우리가 갈 수 있는 가장 먼 거리) 반대편에 있는 전자(물질의 가장 작은 단위) 하나에 대해 중력(자연의 네 가지 힘 중 가장 약한 힘)의 영향을 고려하지 않고 계산을 하게 되면, 공기 분자에 대한 계산은 100만분의 1초 이내에 심각한 오류가 생깁니다. 다시 말해, 아주 간단한 구조(공기)가 아주 짧은 시간(1초보다 짧은 시간) 동안 움직이는 현상을 계산하는 데에도 말 그대로 우주적 지식이 필요합니다. 그러한 지식이 없으면 그 시스템의 구체적인 움직임을 예측하는 것이 불가능합니다. 정교한 반응성이란 이것을 말하는 것입니다. 이러한 시스템의 운동이 예측 불가한 이유는 주변의 환경에 아주 작은 영향력들과 시스템 운동이 불가분의 관계에 있기 때문입니다.

이러한 종류의 시스템을 다루는 과학 이론을 혼돈 이론 혹은 카오스 이론chaos theory이라고 합니다. 사실 그다지 바람직한 이름은 아닙니다. 이 시스템의 운동이 표면상, 어느 정도는 무작위적이지만 질서를 드러내는 면도 있기 때문입니다. 이 시스템이 다음 단계에 어떻게 될지에 대해 말할 수는 없지만, 다음 단계에 일어날 일은 어떤 제한된 가능성 내에 있습니다. 이 분야의 용어를 써서 말해 보자면, 시스템의 운동은 아무렇게나 일어나는 것이 아니라 '기이한 끌개'strange attractor에 한정되어 있습니다. 이 이론에 대한 세부 내용을 설명하지는 않겠습니다만, 카오스 이론은 질서와 무질서가 섞인, 질서의 구조가 무질서를 포함하는 특이한 이론입니다. 우리는 다시금 혼돈의 풍요로운 가장자리로 돌아왔습니다.

이 모든 사실을 어떻게 이해해야 할까요? 우리가 뉴턴의 법칙에서 출발했음을 기억하십시오. 뉴턴의 법칙은 기계적이고 결정론적인 특징을 갖습니다. 이 법칙 아래서는 당구공 두 개가 어떻게 부딪히는지를 정확히 안다면 부딪힌 이후의 운동도 정확히 계산해 낼 수 있습니다. 이 세계가 예측 불가능하고 표면적으로 무작위한 특성을 보이는 것은 이 세계의 아주 작은 것들(본질상 우리가 다 알아낼 길이 없는 이 세계에서 일어나고 있는 모든 일)에 지극히 섬세하게 반응하는 반응성 때문에 생겨나는 것입니다. 그렇다면 이 모든 것은 그저 무지의 문제일 뿐일까요? 현재 우리가 다음 달 날씨를 완벽하게 예측할 수 없는 이유는 날씨는 실제로 정해져 있는데 단지 아프리카 나비가 한 날갯짓이 날씨에 미치는 영향을 아직 알지 못하기 때문일까요? 아니면 보다 흥미로운 다른 답이 있는 것일까요? 이것은 어떤 추정을 선택할지에 관한 문제입니다. 뉴턴이 정확히 옳았다고 가정할 수도 있습니다. 그렇다면 우리의 문제는 무지의 문제가 됩니다. 하지만, 이 근본적 예측 불가능성을 우리가 이제껏 알고 있던 것보다 자연이 훨씬 더 미묘하고 유연하다는 것을 알려주는 신호라고 생각할 수도 있습니다. 과학자로서 제 본능은 후자를 선택합니다.

　과학자들은 실재론자들입니다. 즉 과학자들은 우리가 아는 것, 혹은 알아낼 수 없는 것이 실제로 사물이 어떠한지를 보여준다고 믿습니다. 언젠가 아내는 제게 '인식론은 존재론을 모형화한다'라는 글귀가 적힌 스웨트셔츠를 선물해 준 적이 있습니다. 이 말을 좀 더 쉽게 풀자면 우리가 알 수 있는 것은 실재에 대한 믿을 만한 안내자가 된다는 뜻입니다. 과학자들에게는 이것이 매우 자연스러운 사고입니다. 양자 이론 초기 역사에 나오는 일화만 봐도 알 수 있습니다. 그 유명한 하이젠베르크의 불확정성의 원리와 관련된 일화입니다. 불확정성의 원리는 전자가 어디 있는지를 알고 있다면 전자가 무엇을 하는지는 알 수 없고, 전자가 무엇을 하고 있는지를 알면 전자가 어디에 있는지는 알 수 없다는 것을 우리에게 가르쳐 줍니다. 하이젠베르크는 실제로 '측정 가능한 값'을 통해 이 원리를 발견해 냈습니다. 위치를 아주 정확하게 측정하면 여러 가지가 교란되면서 운동량이 불확실해지고 그 반대도 마찬가지입니다. 다시 말해 하이젠베르크는 우리가 '알 수 있는 것'에 관심을 가졌습니다. 철학자들이 말하는 인식론이지요. 하지만 얼마 지나지 않아 하이젠베르크를 포함한 거의 모든 물리학자가 '불확정성의 원리'를 무지의 원리가 아닌 '비결정성'indeterminancy의 원리로 해석했습니다. 전자의 위치가 정해졌을 때 우리는 그저 전자의 운동량을 '알 수 없는' 것이 아니라, 전자가 우리가 알아낼 수 있는 어떤 결정된 운동량 자체를 갖지 않았다는 뜻입니다. 사물이 실제로 어떠한가(혹은 어떻지 않은가)의 문제가 된 것이지요. 물리학자들이 인식론에서 존재론으로 옮겨간 것입니다.

카오스 이론도 이와 같은 방식으로 설명할 수 있습니다. 이렇게 생각해 보지요. 카오스 시스템이 정교한 반응성을 갖고 있다는 뜻은 이 시스템이 결코 주위에서 일어나는 일들과 분리된 채로 고립되어 존재하지 않는다는 뜻입니다. 그러므로 이 시스템을 다루기 위해서는 전체를 다루어야만 합니다. 다시 말해 (어느 한 곳에서 일어나는 작은 현상을 다룰 때도) 그저 국소적인 영역의 작은 부분뿐 아니라 일어나는 모든 현상을 전부 다루어야 한다는 것입니다. 작은 자극에도 이 시스템이 영향을 받고 반응을 한다는 말은 그 작은 자극으로 에너지까지 변화시킨다는 말은 아닙니다(그 작은 자극의 영향은 너무도 작기 때문입니다). 하지만 그 작은 자극은 '기이한 끌개'로 대변되는 제한된 가능성 내에서 운동 유형에 변화를 일으킵니다. 물론 나비의 날갯짓이 아닌 화산 폭발도 날씨에 영향을 미치며, 에너지를 주입하여 운동의 변화가 일어나는 것도 가능합니다. 하지만 우리가 논의하는 내용에서 더 중요한 것은 에너지 자체가 아닌 다른 (소소한) 자극이 영향을 미쳐 일어나는 변화입니다.

즉, 물리 세계에서 일어나는 사건에는 두 종류의 인과관계가 있을 수 있습니다. 하나는 오랜 기간 과학자들이 친숙하게 알고 있는 것, 에너지의 주입과 관련된 것으로 전통적인 물리학에서 부분의 운동을 기술할 때 사용해 온 방식입니다. 이 방식은 국소적인 영역에서 부분을 구성하는 것들 사이의 상호관계를 다루어 물리 세계 전체에 대한 이해로 나아가기 때문에 '상향식 인과관계'bottom-up casuality라고 부릅니다.

다른 하나는 '패턴 형성'pattern formation(앞서 이를 '정보'라고 표현했습니다)의 주입과 관련된 것입니다. 최소한 물리학에서는 새롭게 논의되고 있는 내용입니다. 부분을 통해 전체를 파악하는 방식과 달리 이 방식은 전체의 전반적인 운동으로 거기에서부터 인과관계를 파악하는 방식입니다. 이 방식은 '하향식 인과관계'top-down casuality라고 부릅니다. 이러한 이해의 바탕에서 시스템은 작은 자극에도 민감하게 반응해 본질상 예측이 불가능합니다. 이 시스템의 미래는 열려 있습니다. 변덕스럽고 무작위로 아무렇게나 결과가 발생한다는 뜻이 아니라 하향식 인과관계와 더불어 상향식 인과관계(환원주의 과학자들에게 친숙한 방식입니다), 그리고 그 외 부가적인 인과관계들이 함께 작용하여 미래가 펼쳐진다는 뜻입니다. 자연은 아주 꽉 짜 맞추어진 체계이고 상향식 인과관계뿐이어서, 하향식 인과관계가 작용할 여지는 없다고 배제해서는 안 될 이유가 우리에게는 있습니다.

이러한 세계에 대한 관점과 그 결과를 논하기에 앞서 다루어야 할 내용이 있습니다. 아마 다소 괴로운 이야기가 될 것입니다. 저는 제가 그리는 그림이 '추정'이라고 말했고, 이제껏 우리의 일상 세계를 다루는 것에 관하여는 뉴턴 물리학만을 이야기했습니다. 하지만 시스템은 정교한 반응성을 가지며, 주변 환경의 미세한 요소들에 의해 좌우된다는 하이젠베르크의 불확정성의 원리는, 그 요소들이 비결정적이라고 선언합니다. 이 문제는 양자물리학을 끌어들임으로 해결되는 문제 아닙니까? 양자물리학은 미래가 불가불 열려 있다고 말해주는 것 아닙니까? 그럴지도 모릅니다. 하지만 제가 양자 이론으로 이 문제를 해결하기를 주저하는 것은 오히려 기술적인 면 때문입니다. 본질상 우리는 양자 세계와 일상 세계가 어떻게 서로 연결되어 있는지 모릅니다. 이미 알고 계신 분도 있겠습니다만, 양자물리학에서 당황스러운 몇 가지 문제 중 하나는 '측정이 어떻게 가능한가'의 문제와 연결되어 있습니다(이 주제에 대한 정식 논의를 알고 싶다면 『양자 이론』 3장을 보시면 됩니다). 두 번째 기술적인 문제는 양자 이론은 플랑크의 기본상수에 의해 정해진 범위가 있으나 카오스 이론은 (프랙탈이라는 특성 자체가) 애초에 크기와 상관이 없습니다. 결과적으로 이 두 이론은 서로 들어맞지 않습니다. 진실은 이렇습니다. 우리는 세계의 인과구조를 정말 단편적으로 이해하고 있을 뿐이며, 그 단편들끼리도 서로 쉽게 들어맞지 않는다는 것입니다. 이 문제를 해결하기까지는 일상의 인과관계라는 풀리지 않는 매듭을 양자 이론으로 단칼에 잘라 버리려는 시도에 신중해야 합니다.

다시 본론으로 돌아와서, 위로부터의 인과관계에 대해 다시 생각해 봅시다. 세 가지 형태가 가능할 것입니다. 첫째, 우주와 지구 역사를 통틀어 드러나는 복잡성, 그 복잡성을 향한 놀라운 추진력을 설명해 줄 수 있는 자연의 '전체 법칙'holistic law이 존재할 수 있습니다. 많은 물리학자는 신다윈주의의 설명(유전자 돌연변이의 자연선택에 관한 설명)이 그저 엄청나게 빠른 속도로 진행되었던 생명 형성 과정의 일부만을 설명해준다고 생각합니다. 하향식 법칙이라는 것이 있다면 그 법칙을 찾는 일은 당연히 과학의 과제입니다.

둘째, 극히 복잡한 뇌 과학 분야에서 이 '하향식 인과관계'

개념에 대한 어렴풋한 이해를 보여주기 시작했습니다. 인간의 정신적 의지가 어떻게 몸의 물리적 작용을 통해 구현되는지 설명할 때 그러한 모습을 보여주고 있지요. 정신과 뇌의 관계라는 신비로운 문제가 곧 해결될 것이라고 주장하는 것은 절대로, 결코 아닙니다. 하지만 이 물리적 세계를 우리가 거주하는 곳으로 인식하며 묘사하기 시작했다는 점을 말하는 것입니다. 이는 제가 '추정'으로 제시한 관점의 커다란 매력 요인입니다. 우리의 몸이 하는 행동은 전체적인, 위에서 아래로의 특성을 갖고 있는 듯합니다.

셋째, 물리적 세계 전반에는 구름처럼 예측 불가능한 과정이 많습니다. 물리적인 현상이 발생하는 과정은 열려 있고, 그 과정에 '정보의 주입'을 통해 무언가(하느님)가 역사에 관여할 수 있는 여지(일관된 가능성)가 있습니다. 우주의 인과관계 그물망은 이러한 가능성을 배제할 만큼, 그런 것이 들어올 여지가 없을 만큼 촘촘하지 않습니다. 단순한 기계론은 이미 설 자리가 없으며, 우주는 더 미묘하고 유연한 곳이어서 창조주의 섭리에 따른 상호작용이 가능합니다. 누군가는 이를 두고 '빈틈을 메우는 하느님'으로 되돌아가는 것 아니냐고 물을 수도 있습니다. 이 질문에 답하려면 먼저 그 개념에 무슨 문제가 있는가를 물어야 합니다. 문제는 그 당시 메우려던 '빈틈'이 결국 당대의 무지의 일부였을 뿐이라는 데 있습니다. 지식이 발전하면서 그 빈틈은 사라졌고, 그에 따라 그 빈틈을 메우던 하느님도 사라져 버렸습니다. 하지만 우주에 정말로 개방성이 있다면, 그래서 '하향식 인과관계'와 '상향식 인과관계'가 모두 작동하며 필요하다면, 하향식 인과관계가 작동할 공간을 위해 상향식 인과관계를 다루는 설명에는 본질적으로 빈틈이 있게 될 것입니다. 이런 종류의 빈틈에 대해서는 반론의 여지가 있을 수 없습니다. 우리에게는, 또 우리가 사는 우주에는 빈틈이 있으며, 하느님은 우리가 완전히 수긍할 수 있는 식으로 빈틈을 메우는 하느님이 될 수 있습니다.

하느님이 이런 식으로 활동하는 것이 맞다면, 논리적으로 이러한 결론들이 뒤따르게 됩니다. 첫째, 하느님의 활동은 앞서 언급한 예측 불가능한 불확실성 안에 들어있을 것이기에 감추어져 있을 것입니다. 하느님의 활동이 일어나는 과정은 정교한 반응성과 이어진 것이므로, 여타 자연적 인과관계들과 구별되거나 분리되지 않을 것이라는 암시도 담겨 있습니다. "이 사건은 자연에 기인하고 저 사건은 하느님의 섭리에 기인한 것"이라고 말할 수 없다는 뜻입니다. 저는 이러한 설명이 앞서 설명한 신학적 통찰이 필요한 물리적 세계를 잘 반영해주고 있다고 생각합니다. 하느님은 모든 일을 다 하는 것도 아니고 아무 일도 하지 않는 것도 아닌, 자신이 친히 독립성을 부여한 창조세계와 상호작용하며, 인내와 사랑으로 반응하는 식으로 이 세계에 관여하십니다. 이렇게 하느님의 섭리와 은총, 자연의 자율성이 서로 섞여 있다는 것은 하느님의 활동이 애초에 실험으로 입증할 수 없다는 뜻이 됩니다. 신앙에서 비롯된 통찰력으로 감지할 수 있을지는 몰라도 말이지요. 오래전 홍해의 어느 해변 기슭에서 바람이 물을 몰아내는 모습을 목격한 누군가는 그것이 그저 우연히 일어난 운 좋은 일일 뿐이라 생각했을 수 있습니다. 하지만 그것을 경험한 노예 중 어떤 이는 이 사건을 통해 이집트의 압제에서 이스라엘 백성을 구해 내는 하느님의 위대한 활동을 목격했을 것입니다.

둘째, 세상에는 구름처럼 모호한 것들도 많지만 시계처럼 정확하게 돌아가는 영역도 있습니다. 이와 같은 자연의 기계적 일관성은 신학적으로 창조주의 신실함을 가리키는 표식으로 이해할 수 있습니다. 하느님은 그러한 규칙성을 쉽게 뒤집지 않으십니다. 오래전, 알렉산드리아에 살았던 위대한 그리스도교 사상가 오리게네스는 여름이 덥다고 해서 여름이 시원한 봄이 되기를 기도하는 것은 말이 안 된다고 인정했습니다. 계절의 규칙적인 변화는 기계적이며, 그 규칙성은 그리 쉽사리 파기되지 않습니다.

셋째, 이제껏 전개해 온 그림은 앞으로 '이루어질' 세계의 진정한 모습에 대한 그림입니다. 이 세계에는 많은 종류의 인과관계들이 작동하고 있으며, 지금 일어나는 일들에 이 다양한 관계들이 작용하면서 진정한 새로움이 형성됩니다. 후기 뉴턴 기계론의 열기가 정점에 이르렀던 때, 뉴턴의 위대한 후계자였던 라플라스Pierre-Simon Laplace*는 '계산하는 악마'라는 엄청난 가설을 제시했습니다. 그 '악마'는 현재에 속한 모든 것을 알고 있고, 그 지식을 바탕으로 미래를 예측하며, 과거를 완벽하고 정확하게 설명해 낼 수 있습니다. 이러한 라플라스의 세계는 이미 알고 있는 것들을 재구성한 세계일 뿐, 진정한 새로움이 나타나지 못하는 폐쇄적 세계일 것입니다. 그러한 세계에서는 상향식 인과관계만이 작동할 것

---

* 피에르 시몽 드 라플라스(1749-1827)는 프랑스의 수학자다. 16세의 나이로 캉 대학교에 들어가 수학을 공부했다. 이후 파리 군관학교에서 가르쳤고 1773년에는 프랑스 과학 아카데미 회원이 되었다. 나폴레옹 정권하에서는 내무부 장관을 역임하기도 했다. 총 5권으로 이루어진 저서 『천체 역학』Mécanique céleste은 당시 물리학을 집대성하고 확장한 저서로 평가받는다. 수리 물리학 발전에 거대한 공헌을 했으며 라플라스 변환, 라플라스 방정식 등은 여전히 공학 수학 분야에서 널리 응용되고 있다.

입니다. 세계가 그처럼 기계적인 곳은 아닐 것이라는 '추정'은 라플라스가 이야기한 악마의 죽은 손에 안식을 줄 것입니다. 물론 이것은 '추정'의 장점이지만, 여기에는 신학적인 문제가 뒤따릅니다.

하느님은 사물을 있는 그대로 알고 있습니다. 하지만, 앞으로 이루어질 일들이 그렇게 열려 있다면 시간이 지나면서 사물이 어떻게 변해갈지 하느님도 모르는 것이 아닐까요? 즉, 미래가 그저 과거를 재구성하여 형성되는 것이 아니라 정말로 열려 있는 것이라면 하느님도 세계를 시간과 함께 '형성되어 가는 곳'으로 알아가야 하는 것 아닐까요? 그렇다면, 심지어 하느님조차 아직 형성되지 않은 미래에 대해서는 모르고 있다는 뜻이 되는 것 아닐까요?

하지만 이것이 하느님이 불완전하다는 의미가 되는 것은 아닙니다. 알아야 할 미래가 존재하지 않기 때문입니다. 실상이 이렇다면, 하느님은 영원이라는 속성을 가지면서도 반드시 시간을 경험해야 합니다. 이러한 결론은 사실 상당히 논쟁의 여지가 있습니다. 모든 그리스도교 신자들이 이에 동의하지는 않습니다만, 저는 그렇다고 믿습니다.

전통적인 관점에서 하느님은 모든 시간을 '한 번에', 전체 역사를 위에서 내려다보듯 바라보는 존재입니다. 하느님은 미래를 '예견'하는 것이 아니라 미래를 '압니다'. 하느님의 시야에서 과거, 현재, 미래는 모두 동시에 현재이기 때문입니다. 하지만 저는 이러한 견해를 받아들이기 어렵습니다. 그런 식으로는 미래(이 세계에서 진정으로 일어날 일)가 무시간적인 것이 되기 때문입니다. 역사는 고정된 형태로 존재하고 있는 것이 아니라, 펼쳐지는 것입니다. 미래는 우리가 만들어가는 것이지, 우리의 도착을 기다리는 고정된 지점이 아닙니다. 물론 저는 하느님이 미래를 완전히 준비하고 계신다고 믿습니다. 하지만 자유로운 인격체들이 정확히 어떤 선택을 할지 혹은 자유로운 자연 과정들의 결과가 어떻게 될지 미리 알고 계신다고 생각하지는 않습니다.

넷째, 그러므로 과학자도 기도할 수 있습니다. 과학이 알려주는 모든 것을 온전히 진지하게 받아들이면서도 여전히 세상에 우리와 하느님이 행동할 공간이 남아있다고 믿을 수 있습니다. 물론 이 말은 기도가 크리스마스에 하늘 아버지가 주신 백지수표를 쓰는 일과 같다는 뜻은 아닙니다. 제가 기도해 준 모든 환자가 모조리 자신이 원하는 대로 병이 나을 것이라고 기대하지 못했던 이유도 그 때문입니다. 기도는 마술이 아닙니다. 기도는 훨씬 더 인격적인 활동입니다. 인간과 하느님의 상호작용이기 때문입니다.

그렇더라도 여전히 기도에 관한 몇 가지 질문이 남습니다. 첫 번째 질문은 '왜 기도를 해야 하는가?'입니다. 우리는 왜 하느님께 무언가를 요청해야 합니까? 어쨌든 하느님은 선하신 분 아닙니까? 기도를 계속해야 한다는 것은 우리가 계속 간구해야만 우리에게 필요한 무언가를 주신다는 뜻인가요? 그분이 정말 선한 아버지라면, 우리가 무언가를 구하지 않아도 선한 것을 주시지 않겠습니까? 기도할 때 우리는 과연 무엇을 하는 것일까요? 우리에게 관심이 없는 하느님의 관심을 끌려고 애쓰는 것입니까? 하느님께서 무언가를 정말 해 주셔야만 한다고 혼자 소란을 피우는 것입니까? 하느님이 혹여 생각지 못하고 계신 미래 계획, 정교한 미래를 그분께 제시하는 것입니까(우리는 교회에서 드리는 기도 중에 종종 이런 인상을 받게 됩니다)? 분명 그런 것은 아닐 것입니다. 기도는 이런 것들일 수 없습니다. 그렇다면 기도할 때 우리는 무엇을 하는 것일까요?

저는 우리가 기도할 때 두 가지 일을 한다고 생각합니다. 우선 기도는 다음과 같은 일을 합니다. 앞서 물리적 세계는 유연하고 열려 있다고, 그것이 우리가 사는 세계가 되어가는 진정한 모습이라고 이야기한 바 있습니다. 그렇기에 미래에 일어날 일에는 우리 역시 작은 부분을 담당하게 됩니다. 우리의 작은 움직임이 작동할 작은 여지가 있다는 것입니다. 또한, 하느님에게도 미래를 위한, 섭리의 영역이 할당되어 있습니다. 기도할 때 우리가 하는 첫 번째 일은 우리에게 주어진, 우리가 움직일 수 있는 작은 영역을 그분이 움직이실 수 있는 영역으로 쓰시게 하는 것, 그분의 섭리, 그분의 뜻에 따라, 그 영역을 가장 효과적으로(선하게) 쓰실 수 있게 하는 것입니다. 전통적인 언어로 말하면 우리의 뜻이 하느님의 뜻과 같아지도록, 우리의 의지를 그분께 드리는 것입니다. 그렇게 일치가 이루어지면, 인간의 소망과 하느님의 소망이 협력하게 되어 불가능하던 일들이 가능해집니다. 그러므로 기도란 참된 도구입니다. 기도는 진정으로 세계를 변화시킵니다.

저는 종종 이를 설명할 때 과학의 예, 레이저 광선의 비유를 사용합니다. 레이저 광선을 레이저 광선답게 만드는 특성은 물리학자들이 '결맞음'coherence이라고 부르는 독특한 성질에서 기인합니다. 빛은 파동으로 구성되어 있고, 결이 맞을 때 모든 파동이 정렬됩니다. 이때 '마루'는 모두 합쳐져 최대의 효과를 내고, '골' 또한 모두 합쳐지면서 최대의 효과를 냅니다. 결이 맞지 않은 빛은 파동들이 정렬되지 않아서 마루와 골이 상쇄되어 버립니다. 이를테면 기도는 우리의 뜻과 하느님의 뜻이 레이저 광선과 같은 결맞음이 이루어지기를 구하는 것입니다. 이러한 견해는 두 가지 결론으로 이어집니다. 첫째, 그렇다면 기도는 행위의 대체재가 아닌, 행위의 필수 요소가 됩니다. 계속해서 저를 성가시게 하는 고독한 노인이 있다면 그저 그를 위해 기도하는 것만으로 제 책임이 면제되지는 않는다는 뜻입니다. 저는 그를 찾아가, 그의 어린 시절 이야기를 반복해서 들어주어야 합니다. 둘째로, 기도가 그런 것이라면, 한편으로는 우리를 다소 어리둥절하게 만드는, 직관적으로는 실제로 그런 것 같다고 느끼는 어떤 현상을 설명할 수 있게 됩니다. 우리는 많은 사람이 마음을 모아, 같은 기도 제목으로 기도하는 것이 좋은 일이라고 직관적으로 느낍니다. 이러한 기도의 힘은 무엇일까요? 더 많은 사람이 하늘 문을 두드리면 하느님의 관심을 끌기가 더 쉬워지는 것일까요? 그렇지는 않을 것입니다. 하지만 위 설명을 받아들인다면 더 많은 뜻이 하느님의 뜻과 조응하고 하느님과 인간의 상호작용을 통해 더 거대한 힘이 펼쳐지는 것도 가능합니다. 이러한 상호작용이 간구 기도라고, 우리가 함께 기도할 때 우리는 이런 일을 하는 것이라고 저는 생각합니다.

또한, 기도하며 우리는 우리 자신이 진정으로 원하는 것이 무엇인지를 이야기합니다. 기도는 이를 촉구합니다. 저는 이를 옥스퍼드의 철학자 존 루카스John Lucas*에게 배웠습니다. 하느님은 이 세상에서 우리가 자신이 진정으로 가치를 두는 것에 헌신하도록 부르십니다. 이는 정신이 번쩍 들게 하는, 유익한 생각입니다. 복음서에서 장님이 예수에게 나오자 예수는 그에게 묻습니다. "네가 무엇을 원하느냐?" 그가 원하는 것이 무엇인지는 분명했습니다. 그는 눈이 멀었기 때문입니다. 하지만 그는 병이 낫기 전 이렇게 말해야 했습니다. "주여 내가 보기를 원하나이다" 기도할 때 우리는 우리가 이 세상에서 정말로 가치를 두는 것에 헌신하도록 부름을 받습니다. 물론 우리는 그분의 뜻 안에서 기도하기 위해 애써야 합니다. 그분은 우리의 소망을 진지하게 여기시지만, 그렇다고 그분의 인자한 목적을 손쉽게 뒤집지는 않으십니다.

기도에 대해 논한다는 것은, 늘 개인의 운명이라는 기이하고도 깊은 신비를 인식하고 그 신비와 씨름하는 일이기도 합니다. 하느님의 섭리를 손쉽고 단순하게 설명하기란 불가

---

* 존 루카스(1929~2020)는 영국의 철학자다. 옥스퍼드 대학교 발리올 칼리지, 프린스턴 대학교에서 공부하고 옥스퍼드 대학교 머튼 칼리지에서 철학을 가르쳤다. 수리 철학, 심리 철학, 자유의지와 결정론 등의 문제에 관해 공헌을 했다. 주요 저서로 『의지의 자유』The Freedom of the Will, 『수학의 개념적 뿌리』Conceptual Roots of Mathematics 등이 있다.

능합니다. 하느님의 섭리가 이루어지는 방식은 종종 낯설고 당혹스럽습니다.

몇 년 전 제 친구는 불치의 암 진단을 받았습니다. 6개월 시한부 판정을 받았지요. 난데없고, 충격적인 소식이었습니다. 친구와 친구의 아내는 그리스도교인이었고, 주변에는 현명한 그리스도교인 친구들이 많았습니다. 그들은 부부가 함께 손을 얹고 하느님의 치유를 구하며 매일 기도하도록 독려했습니다. 그들은 매일 매일 성실하게 기도했습니다. 그리고 거의 정확히 6개월 뒤 친구는 하늘로 갔습니다. 남편이 죽은 후, 그녀는 그간 했던 기도에 하느님이 무엇이라 응답하신 것인지 스스로 물었다고 했습니다. 그 질문에 답할 수 있는 이는 그녀뿐일 것입니다. 그 상황의 바깥에 있는 그 누구도 하느님이 그들의 삶에 행하신 일이 무엇이었는지 말해 줄 수 없었습니다. 시간이 흐른 후, 그녀는 답했습니다. 제 친구, 그러니까 그녀의 남편은 사는 동안 많은 갈등의 중심에 서야 했고, 많은 이가 그의 신념에 반대했습니다. 하지만 그를 반대했던 많은 이들도 임박한 죽음 앞에 용감하게, 신앙으로 선 그의 모습에 깊은 인상을 받았습니다. 이 일은 그의 주변인들에게 매우 유익한 영향을 미쳤고, 많은 관계가 회복되었습니다. 그는 비참한 죽음을 맞을 처지에 있었지만,

실제로는 집에서 매우 평온한 죽음을 맞았습니다. 그녀는 이런 방식으로 자신의 기도가 응답받았다고 결론 내렸습니다. 물론 그들 부부가 처음 함께 기도를 시작했을 때 바랐던 대로 응답을 받은 것은 아니었습니다. 분명 그들은 그의 병이 나아 더 오래 함께 살 수 있기를 바랐습니다.

개개인의 운명에는 우리가 이해할 수 없는 신비가 존재합니다. 그 운명을 주님 품 안에서 받아들이는 것이 영적인 삶의 한 부분입니다. 이 운명은 병에서 회복되는 것으로 성취될 수도, 다가오는 죽음을 받아들임으로 성취될 수도 있습니다. 이를 예견할 수 있는 사람은 아무도 없으며, 이 운명에 직접 관련된 이들만이 자신의 경험을 해석할 수 있습니다. 우리의 기도는 그러한 운명에 열려 있어야 합니다. 이런 식으로 과학자뿐 아니라 그 누구라도 기도할 수 있으며 이러한 식으로만 진정으로 영적인 기도를 드릴 수 있습니다.

06

그렇다면 기적은?

이 세계에 하느님과 인간이 모두 활동할 여지가 있을까요? 저는 이 책에서 과학이 그러한 여지가 있는 세계를 그리고 있다고 제시한 바 있습니다. 역사는 기계적인 필연성으로 이루어지지 않으며, 미래는 열려 있고, 물리적인 세계는 유연하여 하느님의 섭리와 인간의 행동이 각기 역할을 하는 중에 이루어져 갑니다.

여기까지는 그럭저럭 말이 됩니다. 하지만 기적은 어떻게 이해해야 합니까? 그리스도교는 이 물음을 피해갈 수 없습니다. 그리스도교 신앙의 중심에는 그리스도의 부활이라는 엄청난 기적이 있기 때문입니다. 우리가 사는 물리적 세계에 예측 불가한 구름과 같은 것이 있다는 이야기는 얼마든지 가능하지만, '예수가 죽음에서 부활했고 다시 죽지 않는다'는 이야기는 어떤 기발한 혼돈 이론으로도 설명이 되지 않습니다. 정말 부활 사건이 일어났다면(저는 그렇게 믿습니다) 이는 분명 하느님의 위대한 능력으로 이루어진 초자연적 행위일 수밖에 없습니다.

기적에 관하여 고찰하는 것이 어려운 이유 중 하나는 '기적'이라는 단어에 서로 다른 여러 사건을 포괄하는 다양한 의미가 있기 때문입니다. 기적은 본래 단순히 깜짝 놀랄만한 어떤 일을 뜻합니다. 놀라운 일은 여러 이유로 일어날 수 있습니다. 정상적인 인간의 능력이지만, 그 능력이 대단히 높은 정도로 발현되었을 때 우리는 놀라움을 느낍니다. 과학의 영역에서, 계산을 잘하는 천재가 큰 숫자의 곱셈을 암산으로 해내는 것은 보통 사람들에게는 기적처럼 보일 수 있습니다. 우리는 우리의 정신과 몸이 서로에게 영향을 미친다는 것을 점점 더 알아가고 있습니다. 어떤 병에는 마음과 몸이 모두 관련된 특성이 있음을 인식함으로써, 특별한 사람들이 소유한 것처럼 보이는 치유의 능력을 더욱 잘 이해해 볼 수도 있습니다. 예수가 이러한 인간 능력의 최대치를 소유한 사람이었다는 설명도 그럴 법합니다. 그렇다면 그가 행한 몇몇 치유 사건들도 다른 사람들에게는 별로 없는 능력을 그가 완벽하게 발휘한 것이었다고 이해할 수 있습니다. 그리고 그렇게 놀라움(그리고 감사)을 불러일으킨다는 면에서 그러한 치유 사건들을 기적이라고 부를 수 있습니다. 이런 사건들은 자연현상과 완전히 모순되는 사건은 아닙니다.

기적에 대해서 자연적인 설명이 가능하다는 다른 설명도 있습니다. 의미 있는 사건들이 동시에 일어날 가능성에 주목하는 경우입니다. 두 사건이 함께 발생했으며, 각 사건은 지극히 평범한 사건입니다. 하지만 그렇게 평범한 두 사건이 동시에 일어나면 의미 있고 놀라운 사건이 됩니다. 복음서에 나오는 몇몇 자연현상과 관련된 기적에 이런 해석이 가능합니다. 가령 예수께서 폭풍우를 잠잠하게 하신 일이 그렇습니다. 예수께서 제자들에게 안심하라고 하시며 성난 폭풍우를 향해 잠잠하라고 말씀하시자, 그 말과 동시에 제자들을 두렵게 하던 폭풍우가 가라앉습니다. 이 '기적'에서 중요한 것은 동시성입니다. 신앙의 눈으로 이 사건을 보면, 이 사건에서 하느님의 손길을 발견할 수 있습니다. 앞 장에서 살폈듯 하느님의 섭리를 통해 폭풍우가 그치는 일이 일어났을 수 있기 때문입니다. 거의 모든 사람이 삶에서 때때로 이처럼 상당히 놀라운 우연을 경험합니다. 그러한 경험을 진지하게 받아들이는 것이 옳다고 저는 믿습니다만, 그러한 경험들이 하느님이 특정 사건에 직접 개입하기 위해 자연법칙을 심각하게 침해하기도 한다고 말해주는 것은 아닙니다.

하지만, 대중적인 의미에서 '기적'은 자연법칙에 반하는 어떤 사건을 뜻하기에, 이 부분에 대한 설명이 여전히 숙제로 남습니다. 예수께서 갈릴리 가나의 결혼식 잔치에서 물을 포도주로 바꾼 사건이 그 대표적인 예입니다(요한 2:1~11). 물과 포도주는 화학적으로 매우 다른 물질이며, 자연적으로 돌항아리 안에 들어있던 물이 포도주로 변할 방법을 생각해내기란 어렵습니다. 게다가 이런 일에 기적의 힘을 쓰는 것은 낭비가 아닙니까? 그저 잔치 자리에 술이 떨어진, 약간 당황스러운 일이 일어났을 뿐인데 말입니다. 음식을 충분히 준비하지 못해 잔치가 끝나기도 전에 포도주가 떨어진 것은 안타까운 일이기는 합니다만, 분명 다들 그 전에 이미 마실 만큼은 마셨을 테니까요. 그저 문자적인 수준에서 보면 이는 사실 터무니없는 일화입니다. 물론 이 일화의 상징적인 의미를 살펴보면, 물과 포도주가 다르듯 예수의 존재가 질적으로 다른 차이를 만들어낸다는 중대한 의미를 찾아낼 수 있습니다. 이 일화에는 이렇게 상징적 의미를 찾으며 이 이야기를 읽도록 격려하는 단서들이 담겨 있습니다. "유대 사람의 정결 예법을 따른 돌로 만든 여섯 개의 물항아리"(요한 2:6)는 율법 아래 있는 옛 생명과 그리스도 안에 있는 새 생명을 대조시키는 틀로 보입니다. 그렇다면 이 일화는 마치 실제로 일어났던 일인 것처럼 묘사한 생생한 이야기에 불과한 것일까요? 아니면 예수가 실제로 이 기적을 행한 것일까요? 그리스도교 내에서도 이에 대한 답은 다양합니다. 개인적으로 저는 성서에 나오는 기적 하나하나에 대해 그것이 실제로 일어난 일인지 그렇지 않은지 확실한 답을 갖고 있어야 한다고 생각하지는 않습니다.

실은 이 질문 안에는 보다 근본적인 질문이 있는 것이 분명합니다. 기적에 관한 질문은 애초에 과학적인 질문이 아니라 신학적인 질문입니다. 과학은 그저 이런 사건들이 일상적인 기대에 어긋난다고 말해줄 뿐입니다. 우리가 처음부터 알고 있었듯이 말이지요. 과학은 특정한 경우, 하느님이 전에 한 적 없는 어떤 특별한 일을 행할 가능성을 배제할 수 없습니다. 결국 하느님이 자연법칙을 만드신 것이지 자연법칙에 하느님이 귀속되지는 않기 때문입니다. 그러나 하느님이 자연법칙을 만드셨기 때문에 자연법칙을 깨는 것은 하느님이 하느님에게 대항하는, 불합리한 일이 됩니다. 이 부분과 관련해 신학적인 질문이 생겨납니다. 하느님이 이렇게 새로운 방식(자연법칙을 깨는 것처럼 보이는 방식)으로 일했다고 보는 것이 합리적이냐는 질문 말이지요. 하느님은 어제까지 계획에 없던 일을 오늘 하기로 마음먹고 내일이면 다시 귀찮아하는 우주의 마법사라는 것입니까? 이는 그리스도교에서 말하는 하느님으로 받아들이기 어렵습니다. 하느님은 변덕스러워서는 안 됩니다. 온전히 일관성이 있어야 합니다. 하지만 여기서 일관성은 따분한 획일성과는 다릅니다. 전례가 없는 상황에서 하느님은 예상 밖의 일을 할 수도 있습니다. 하지만 여기에는 항상 깊은 일관성이 있어야 합니다. 하느님이 예수를 부활절에 죽음에서 일으킨 반면, 우리는 오랜 역사 속에서 죽은 사람은 죽은 채로 남아있다는 것을 경험합니다. 여기서 일관성을 찾는 일은 기적이 던지는 신학적 도전입니다.

이를 좀 더 잘 이해하기 위해 자연현상에서 간단한 비유를 하나 들어보겠습니다. 자연법칙은 변하지 않습니다. 자연법칙에는 절대적인 일관성이 있습니다. 그러나 어떤 일관된 자연현상이 새로운 범위로 진입할 때, 그 결과는 현저하게 달라질 수 있습니다. 물이 끓는 경우를 생각해 봅시다. 끓는점에 이르기까지 물의 온도는 완전히 획일적인 방식으로 천천히 올라갑니다. 그러다 끓는점이 되면 일상에서 경험하지 못한, 뭔가 놀라운 일이 일어납니다. 천천히 오르던 온도가 멈추면서 적은 양의 물이 많은 양의 수증기로 변합니다. 물리학자들은 이를 '전이'라고 부릅니다. 물이 액체의 영역에서 기체의 영역으로 옮겨간 것입니다. 100도가 되면서 자연법칙이 변하는 것이 아닙니다. 근본적으로 달라진 것은 그저 자연법칙의 결과일 뿐입니다. 겉보기에는 불연속적으로 보이는 사건 밑에는 이처럼 깊은 연속성이 있습니다. 기적도 이와 유사한 것으로 이해할 수 있습니다.

예수의 부활은 그 좋은 예입니다. 먼저 짚고 넘어가야 할 질문이 있습니다. 이 사건을 실제로 일어난 사건으로 받아들여야 할까요? 부활 이야기 역시 예수의 메시지가 그의 죽음 이후에도 전해진다는 사상을 전하려는 의도를 담은, 그럴듯한 이야기에 불과할까요? 이 이야기를 그렇게 이해하는 분들도 분명 존재합니다만 저는 그렇게 생각할 수 없습니다.

먼저 예수의 죽음이 지닌 기이함을 인식하는 것이 중요합니다. 모세, 붓다, 무함마드와 같은 세계 종교의 위대한 지도자들은 노년에 많은 이에게 존경을 받고 제자들에게 둘러싸여 죽음을 맞았습니다. 하지만 예수는 청년 시절에 그를 신뢰하고, 그에게 희망을 두었던 모든 사람에게 버림받고 죽었습니다. 십자가 처형은 고통스럽고 수치스러운 형벌이었을 뿐 아니라, 처형받는 이가 하느님에게 버림받았음을 보여주는 표지였습니다. 경건한 유대인들은 그렇게 여겼습니다. 율법이 나무에 달린 자는 하느님의 저주를 받은 것이라고 말하기 때문이었습니다. 갈보리 언덕 십자가에서, 처절한 고독 가운데 예수는 "나의 하느님 나의 하느님, 어찌하여 나를 버리시나이까"라고 외쳤습니다(마르코(마가)와 마태오(마태)가 이 참혹한 비명을 기록했다는 것은 복음서 저자들이 정직했다는 사실을 시사합니다). 예수의 말과 죽음이 얼마나 비범했든, 그의 삶은 처절한 실패로 끝났습니다.

이것이 전부였다면 우리에게까지 이 이야기가 전해지지 못했을 것입니다. 하지만 오래전 저 멀리 로마 제국의 한 지방에서 방황했던, 책 한 권 쓰지 못하고 비참한 최후를 맞은 이 목수의 이야기가 우리에게까지 전해졌습니다. 그것이 가능했던 이유는 무슨 일인가가 일어났기 때문이었습니다. 성금요일, 무언가가 겁에 질렸던, 사기가 꺾였던 제자들을 변화시켰습니다. 오순절, 그 겁쟁이들이 사형당한 예수가 바로 하느님이고 그리스도(선택받은 자, 하느님의 목적의 핵심)라는 것을 권력자들 앞에서도 자신 있게 외치는 제자들이 되었습니다. 그들을 그렇게 변화시킨 어떤 일이 일어났습니다. 그렇게 놀라운 변화를 일으킬 만큼 강력한 어떤 일이 일어난 것입니다.

제자들은 그 '어떤 일'이 예수가 죽음에서 부활한 사건이라고 주장합니다. 이에 대한 가장 오래된 기록은 사도 바울이 고린토인들에게 보낸 편지에 등장합니다.

> 나는 내가 전해 받은 가장 중요한 것을 여러분에게 전해 드렸습니다. 그것은 그리스도께서 성서에 기록된 대로 우리의 죄 때문에 죽으셨다는 것과 무덤에 묻히셨다는 것과 성서에 기록된 대로 사흘 만에 다시 살아나셨다는 것과 그 후 여러 사람에게 나타나셨다는 사실입니다. 그리스도께서는 먼저 베드로에게 나타나신 뒤에 다시 열두 사도에게 나타나셨습니다. 또 한번에 오백 명이 넘는 교우들에게도 나타나셨는데 그중에는 이미 세상을 떠난 사람도 있지만, 대다수는 아직도 살아있습니다. 그 뒤에 야고보에게 나타나시고 또 모든 사도에게도 나타나셨습니다. 그리고 마지막으로 팔삭둥이 같은 나에게도 나타나셨습니다. (1고린 15:3-8)

사도 바울이 이 편지를 쓴 것은 기원후 50년경(50년대 중반)이었습니다(십자가 사건은 기원후 30년 혹은 33년이었습니다). "내가 전해 받은" 중요한 것이란 바울이 다마스커스(다메섹)로 가는 길에 갑작스럽게 회심하고 받았던 가르침을 가리킨다고 볼 수 있습니다. 그 일은 십자가 사건이 있은 지 3년 후에 일어났을 것입니다. 이 구절들은 우리를 먼 과거로 데리고 가 부활한 예수를 보았다고 주장하는 사람들의 살아있는 증언을 들려줍니다.

부활한 예수가 어떻게 나타났는지를 알고 싶다면 복음서를 펴보아야 합니다. 현재 형태의 복음서가 기록된 것은 비교적 후대인 기원후 60년대 중반에서 90년 사이입니다. 하지만 초대교회에서 구전으로 보존되었던 이야기를 기초로 하고 있습니다. 부활한 예수의 출현과 관련된 내용들은 복음서마다 매우 다르며 혼란스럽습니다. 어떤 복음서는 예수가 예루살렘에서 출현한 것으로 기록하지만, 어떤 복음서는 예수가 갈릴래아에 출현한 것으로 기록합니다. 더구나 그 기록들 사이에는 겹치는 내용도 별로 없습니다. 그럼에도 그 기록에는 공통된 증언이 있습니다. 이처럼 뜻밖의, 일부러 강조한 것도 아닌 증언으로 인해 오히려 저는 부활에 대한 증언이 실제 기억에 기초해 기록된 것이며 결코 순전히 종교적인 설화로 볼 수 없다고 믿습니다. 그 공통된 증언은 부활한 예수를 만난 사람들이 그를 한눈에 알아보지 못했다는 것입니다. 막달라 마리아는 그를 정원사로 오해했고, 엠마오로 가던 두 제자는 막판에 가서야 자기들과 대화를 나누던 분이 누구였는지를 깨달았습니다. 오직 그 사랑하시던 제자만이 갈릴래아 호숫가에서 한눈에 그분을 알아보았습니다. 마태오 복음에서는 예수가 갈릴래아에서 제자의 무리에게 나타나셨을 때, 어떤 자들이 의심했다고 기록합니다(마태 28:17).* 이렇게 기이한 증언이 이어지는데, 꾸며낸 이야기들의 모음에서는 이런 것을 발견하기 어렵습니다. 부활한 예수가 나타난 것에 대한 복음서의 기록에는 있는 그대로의 기록, 날 것의 기록에서 찾아볼 수 있는 특성이 있으며 작위적인 승리주의를 찾아볼 수 없습니다.

또한, 모든 복음서에는 빈 무덤 이야기가 기록되어 있습니다. 부활절 아침 무덤에 갔더니 예수의 몸이 그곳에 없었다는 이야기입니다. 제자들이 예수가 부활했다고 위장하려고 시체를 훔쳤다는 주장은 신빙성이 떨어집니다(누가 그것이 거짓임을 알고도 목숨을 바치겠습니까?).

많은 사람이 빈 무덤을 부활의 가장 강력한 증거로 여깁니다. 불가사의한 이유로 무덤이 비어 있었던 것이 아니라면, 왜 권력자들이 골치 아픈 예수 운동의 싹을 일찍 꺾어버리지 않았겠습니까? 예수의 시체를 전시했으면 예수가 부활

---

* "그들은 거기에서 예수를 뵙고 엎드려 절하였다. 그러나 의심하는 사람들도 있었다." (마태 28:17)

했다는 그들의 증언은 힘을 잃었을 텐데 말이지요. 하지만 이렇게 결론 내리기에 앞서 주의해야 합니다. 통상 로마에서는 처형된 범죄자들의 시체를 공동묘지에 던져두곤 했습니다. 예수에게도 동일한 관습이 적용되었다고 가정해야 하지 않을까요? 어떤 무덤(식별할 수 있는 어떤 무덤)이 빈 무덤으로 드러났다는 복음서의 기록은 단지 후대에 꾸며낸 이야기인 것 아닐까요?

하지만 당대의 사람들은 그렇게 생각하지 않았습니다. 유대인과 그리스도교인 사이에 일어난 논쟁을 살펴보아도, 무덤이 비어 있었다는 사실은 유대인도 인정한 것으로 보이기 때문입니다. 유대인들은 무덤이 비어 있었던 것은 사실이지만, 제자들이 속임수를 썼다고 생각했습니다. 저 또한 빈 무덤의 존재를 믿습니다. 이 이야기에서 아리마태아 요셉과 니고데모가 언급된 것만 해도 그렇습니다. 이들이 초대교회에서 뚜렷한 역할을 한 것 같지는 않습니다. 실제로 예수의 장례를 치렀기 때문에 이들의 이름을 언급했다고 추정하는 편이 합리적입니다. 빈 무덤을 발견한 이야기에서 여자들이 핵심적인 역할을 했다는 점도 이야기에 신빙성을 더합니다. 고대에는 여자들의 증언을 법정에서 받아들이지 않았습니다. 예수의 빈 무덤을 처음 발견하는 영광스러운 역할이 여자들에게 주어졌다는 기록은 그들이 실제로 그것을 발견했음을 명백히 보여줍니다. 사도 바울이 빈 무덤을 언급하지 않았다는 주장도 종종 제기됩니다. 하지만 그가 서신서에서 다루지 않은 내용은 이 외에도 상당히 많습니다. 빈 무덤도 그중 하나일 뿐입니다. 게다가 고린토 교회에 보낸 첫째 편지에 자세히 기록한 내용을 보면 그는 예수가 "무덤에 묻혔다"고 말하고 있습니다. 이는 바울이 예수의 장례에 뭔가 중요하고 의미심장한 것이 있음을 알았음을 시사합니다. 바울은 유대인이었으며 어떤 유대인도 무덤에서 몸이 썩어가는 사람을 다시 살아난 사람으로 취급하는, 그렇게 순전히 영적인 시각을 취하지는 않았을 것입니다.

'예수가 죽음에서 부활했다'는 믿음을 뒷받침할 증거들을 큰 틀에서 설명해 보았습니다(이와 관련된 세부적으로 논의해야 할 부분은 많습니다). 하지만 이 증거에 얼마나 무게를 둘지는 예수의 부활에 관한 전체 생각이 타당한지에 달려 있습니다. 결국, 기적이라는 것의 핵심 질문(제가 믿기로는 이것이 핵심입니다)으로 돌아왔습니다. 이렇게 전례 없는, 특이한 방식으로 하느님이 활동했다고 믿는 것이 말이 될까요? 우리는 이 놀라운 사건 아래에 흐르는 깊은 일관성을 찾을 수 있습니까?

부활과 연관된 이 물음에 대한 답은 분명 '그렇다'입니다.

저는 그렇게 믿습니다. 부활은 세 가지 측면에서 옳습니다. 첫째, 부활은 예수가 옳음을 보여줍니다. 예수는 좌절감과 환멸에 빠져 체제에 패배하지 않았습니다. 갈보리의 어둠(죽음)은 끝이 아니었습니다. 삶과 죽음만으로는 설명되지 않던 것이, 삶, 죽음, 부활이라는 세 층위가 있다면 더욱 잘 설명이 됩니다. 둘째, 부활은 하느님의 옳음을 보여줍니다. 당신의 신실하심을 온 존재로 믿었던, 전적으로 당신을 신뢰하고 순종했던 한 사람을 하느님은 버리지 않으셨습니다. 하느님의 변함없는 사랑은 세상의 사악함이나 타인과 세계에 대한 무관심으로 인해 좌절되지 않습니다. 셋째, 부활은 인류의 희망이 옳음을 보여줍니다. 살인자가 무고한 희생자 앞에서 개가를 불러서는 안 됩니다. 언젠가 어떤 이는 우리는 모두 그처럼 부당한 승리가 사라지기를 깊이 바라고 있다고 이야기한 적이 있습니다. 예수의 부활은 이 바람이 이루어질 것임을 보여줍니다. 부활에 대한 그리스도교 신앙에서 독특한 점은, 그리스도교인들이 부활 사건이 일어났다는 사실을 믿는다는 부분이 아니라 부활이 빚어낸 새로운 역사에 대한 믿음에 있습니다. 역사의 한복판에서 예수에게 하신 일은 이 역사의 마지막에 우리 모두에게 일어날 것입니다. 하느님이 그렇게 하실 것입니다.

사도 바울은 고린토 교회에 보낸 첫째 편지에서 이러한 생각을 드러낸 바 있습니다.

> 아담 안에서 모든 사람이 죽는 것과 같이, 그리스도 안에서
> 모든 사람이 살아나게 될 것입니다. (1고린 15:22)

이러한 희망의 일관성에 대해서는 다음 장에서 더 다루겠습니다. 그리고 무덤이 비어 있었다는 사실이 왜 의미심장하고도 중요한지에 대한 설명을 이어가겠습니다.

기적이 새로운 일이 일어날 가능성을 예표하는 사건이라면 우리는 기적을 신실하신 하느님이 하신 행동으로 믿을 수 있게 됩니다. 우리의 일관된 과거의 경험이 현재라는 새로운 빛 속에서 확장되는 것, 어떤 새로운 체제로 들어서는 것으로 이해하는 것이지요. 그리고 이 새로운 체제에 대한 반응성이 기적을 두고 우리가 당혹감을 느끼는 이유에 대한 답이 됩니다. 우리가 기적을 마주해 당혹스러워하는 이유는 기적이 일어난다는 사실 자체가 아니라 기적이 너무도 드물게 발생하기 때문입니다. 이 세상은 더 강력한 하느님의 역사를 요구하고 있는데도 말입니다. C. S. 루이스C.S.Lewis는 "영적 역사의 위대한 중추"라고 부르는 특정 시기에 기적에 관한 일

화가 집중되어 있음을 지적했습니다. 그 시기는 종교적 발견이 강력하게 일어난 시기였습니다. 예수 그리스도의 삶은 바로 그 탁월한 예입니다.

그리스도교인으로서 저는 어떤 특별한 방식으로, 밀도 있게, 다른 어느 인간에게도 나타난 적이 없는 방식으로, 그리스도 안에 하느님이 현존하셨다고 믿습니다. 그러므로 예수는 세상에 새로운 체제가 임함을 대변합니다(이것이 예수가 이 땅에 자신이 온 것이 하느님의 나라, 즉 하느님의 통치가 임한 것이라고 선포한 것의 의미입니다). 이 새로운 체제에 새로운 현상(죽음으로부터 영광스럽고 영원한 생명으로 부활하는 현상까지를 포함한 새로운 현상)이 수반된다는 믿음은 완전히 일관성 있고 합리적인 믿음이라고 저는 생각합니다.

07

종말은 어떻게 오는가?

우주의 역사는 엄청난 힘이 서로 밀고 당기는 전쟁의 이 야기입니다. 한편에서는 대폭발의 영향으로 우주의 물질들이 서로 멀어지지만, 다른 편에서는 가차 없이 끌어당기는 중력이 서로를 끌어당깁니다. 이 두 힘은 서로 비슷한 정도로 균형을 이루고 있어서 결국 어느 힘이 이길지는 확실히 알 수 없습니다. 팽창이 우세하다면 은하들은 영원히 계속해서 서로에게서 멀어질 것입니다. 그렇더라도 각 은하 내에서는 중력이 확실히 우세하기에 거대한 블랙홀이 형성되었다가 궁극적으로는 작은 에너지로 방출되면서 우주는 소멸할 것입니다. 그렇게 이 세계는 흐느끼며 사그라들 것입니다.

그다지 유쾌한 전망은 아닙니다. 중력이 더 우세하다면 미래가 더 나아질까요? 안타깝게도 그럴 것 같지는 않습니다. 중력이 우세하다면 현재 팽창하는 우주는 모든 물질이 우주의 도가니로 끌려 들어갈 것이고, 모든 것이 녹아내리는 대붕괴로 종말을 맞을 것입니다. 그렇게 세계가 '쾅' 하고 끝날 것입니다. 어느 쪽이든 결론은 이처럼 허무합니다. 물론 당장 내일 우주의 종말이 오지는 않을 것입니다. 우주가 이러한 운명을 맞게 되는 것은 수백억 년 후의 일입니다. 그러나 인간과 모든 생명체가 우주의 역사에서 그저 스쳐 지나가는 단편에 불과하다는 것은 확실합니다.

종교는 이에 대해 어떻게 이야기할까요? 이처럼 삭막한 전망은 이 세계에 목적이 있다는 주장을 부인하는 것 아닙니까? 우리는 이러한 도전에 대해 생각해 보아야 합니다. 저는 우주의 종말이라는 문제가 인간의 죽음에 비해 근본적으로 큰 문제를 제기하는 것은 아니라고 봅니다. 우주의 종말은 수백억 년 규모의 문제이고, 인간의 종말은 수십 년 규모의 문제라고 해도 근본적으로 두 문제가 제기하는 질문은 같습니다. 결국, 이 둘은 모두 희망은 과연 허상에 불과한 것인가, 죽음이라는 운명, 그 소름 끼치는 현실 너머에 신뢰할 만한 누군가가 존재하는가 하는 문제를 제기합니다. 과학이 예측하는 미래는 결국 종말이며 결말은 허망합니다. 이는 우리에게 진화론에 입각한 낙관론(역사는 진보한다는 낙관)은 희망의 근거가 되지 못한다는 사실을 간단히 되새겨줍니다. 실제로 참된, 지속적인 희망이 존재한다면 이는 하느님이라는 영원한 존재로부터만 나올 수 있습니다.

사두가이인들과 논쟁할 때 예수도 바로 이 점을 지적했습니다(마르 12:18~27). 사두가이인의 신앙은 성서의 첫 다섯 권에 있는 율법에 집중했습니다. 그들은 죽음 너머의 운명에 대한 아무 약속도 발견할 수 없다고 여겼기에, 현재 이 세상에서의 삶만을 믿었습니다. 그들은 형제들이 연이어 죽고, 율법을 따라 연이어 형제들과 결혼했다가 미망인이 되기를 반복한 한 여인에 대한 재치 있는 질문을 함으로써 자신들의 논점을 드러냈습니다. 다가올 세상에서 그 여인은 누구의 아내가 되어야 하겠느냐고 그들은 물었습니다. 예수는 이 피상적인 논쟁에서 문제의 핵심을 찔렀습니다(예수는 종종 질문자들의 질문을 이런 식으로 대응했습니다). 예수는 사두가이인들이 권위 있게 받아들이는 책인 출애굽기에 나오는 기록을 지적합니다. 불타는 나무 앞에서 하느님은 모세에게 "나는 아브라함의 하느님, 이삭의 하느님, 야곱의 하느님이다"라고 하셨다는 점을 상기시킵니다. 그리고 말씀하십니다.

하느님은 죽은 자의 하느님이 아니라 살아있는 자의 하느님

이다. 너희들이 틀렸다.(마르 12:26~27)

여기서 중요한 것은 하느님이 한때 아브라함과 이삭과 야곱에게 관심을 기울이셨다면(확실히 그렇습니다) 그들에게 영원히 관심을 기울이신다는 것입니다. 여러분과 저도 마찬가지입니다. 하느님께서는 우리가 죽는다고 해서, 깨진 화분을 버리듯 우리를 우주의 쓰레기 더미에 버려두지 않으십니다. 영원한 존재인 하느님이 사랑이시며, 또한 신실하시다면 그러실 수 없습니다. 죽음 이후 운명에 대한 우리의 믿음은 이러한 지식에 근거합니다.

하지만 이러한 믿음이 말이 됩니까? 한때 사람들은 인간이 두 부분으로 구성되어 있다고 믿었습니다. 한시적인, 물질로 이루어진, 죽으면 썩어버리는 몸과 죽음 이후에도 몸과 분리되어 죽지 않는 영혼으로 구성되어 있다고 생각했지요. 우리는 마치 견습 천사와 같아서 영혼이 몸 안에 갇혀 훈련하다가 몸이 죽으면 영혼이 몸에서 풀려나게 된다고, 죽음은 이 세계에서 받던 고된 훈련에서 해방되는 것이라고 이해했습니다. 하지만 앞서 정신과 몸의 관계에 대해서 어느 정도는 이야기 한 바 있습니다. 정신과 몸은 나누어져 있는 것이

아니라 보다 긴밀하게 연결되어 있습니다. 인간은 육체를 입고 있는 영혼이기보다 하나의 살아있는 단일체에 가깝습니다. 고대 히브리인들은 인간의 본성을 바로 이렇게 생각했으며, 그런 면에서 우리는 그저 오래된 사고로 되돌아온 것에 불과합니다.

그렇다면 영혼은 무엇일까요? 그것은 '진정한 나'real me임에 틀림없습니다. 영혼은 분명 내 몸을 구성하는 물질은 아닙니다. 몸은 늘 변합니다. 내 몸을 구성하는 원자 중에 몇 년 전에 만들어진 것이 그대로 남아있는 것은 거의 없습니다. 먹고 마시고 마모되는 모든 일은 우리 몸의 원자들이 끊임없이 교체되는 일이기도 합니다. 이 '진정한 나'라는 것은, 그렇게 항상 변하는 원자들이 체계화되는 어마어마하게 복잡한 패턴pattern입니다. 이는 앞서 4장에서 과학적인 내용을 설명하며, 정보라는 개념이 점점 중요해지고 있다는 것에 대해 이야기했던 부분과도 겹치는 내용입니다. 하지만 이러한 사고를 인간 영혼에 적용하려면 엄청나게 일반화를 시켜야 합니다. 경험이 쌓이고 나라는 사람의 특징(성격)이 형성되면서 나라는 패턴이 형성되고 또 자라납니다. '나'는 내 피부로 둘러싸인 몸에 제한되지 않습니다. 나를 하나의 인격체가 되도록 하는 주요 관계들도 '나'에 포함됩니다. 이러한 내용을 보다 정확하게 구성해 내는 것은 현재 우리의 능력을 넘어섭니다. 하지만 하느님이 나(나라는 패턴)를 기억하고, 마지막에 부활이라는 행위를 통해 새로운 세계(하느님이 선택한 새로운 환경)에서 나를 재창조하시리라는 기대는 이해할 만한, 일관성이 있는 희망으로 보입니다. 그리스도교 신앙은 죽음 너머의 운명을 믿으며, 생존이 아닌 부활에 항상 초점을 두었습니다. 그리스도의 부활은 역사 너머에서 우리를 기다리고 있는 부활을 역사 속에서 미리 맛보게 하며 역사 너머에서 일어날 부활을 보장합니다.

이 부활은 새로운 세계에서 새롭게 일어나는 사건이지 그저 과거의 몸으로 회귀하는 것이 아니라는 점을 주목해야 합니다. 중요한 것은 패턴이지 몸을 구성하는 물질이 아닙니다. 그리스도교가 이야기하는 부활은 무덤에서 썩은 육체가 본래 모습대로 재조합되는, 고대의 기이한 사고를 반복하는 것이 아닙니다(그래서 이전에는 다리가 절단된 사람을 매장할 때는, 그가 마지막 날에 잃어버린 다리를 쉽게 찾을 수 있도록 다리를 함께 묻었습니다). 성서는 "죽음도 없고 통곡도 없고 울음이나 고통도 없는 예전 것은 지나간"(묵시 21:4) 새로운 하늘과 새로운 땅을 이야기합니다.

이 새로운 세계에서 새로운 '물질'은 어디서 오게 될까요?

추정컨대 현 세계의 물질이 변화되면서 만들어질 것 같습니다. 하느님은 모든 피조물을 돌보시는 분이어서 죽음 이후 우리 운명을 만드신 것처럼 종말 이후 우주의 운명에 대해서도 계획을 갖고 계실 것이기 때문입니다. 이것이 바로 빈 무덤이 중요한 이유입니다. 예수의 부활한 몸은 그의 죽은 몸이 변모되고, 영광스럽게 된 것입니다. 이는 그리스도 안에서 인간뿐 아니라 물질도 새로운 운명을 갖게 된다는 점을 시사합니다. 물질세계와 인간의 운명은 이어져 있습니다. 인간 역시 몸을 가진 존재이기 때문입니다.

과학은 공간과 시간 그리고 물질이 서로 연결되어 있음을 알려줍니다. 그것은 앞으로 올 세상에서도 시간뿐 아니라 물질이 존재한다는 뜻입니다. 우리의 운명은 하느님께만 속한 특별하고 무시간적인 의미의 영원이 아닌, 영원히 계속되는 삶입니다. 하느님은 과정을 감내하십니다. 사랑은 그렇게 인내라는 길을 따라 작동합니다. 죽음 이전의 삶이 그랬듯 죽음 이후의 삶도 그렇습니다. 천국은 무료한 곳이 아닐 것입니다. 천국에서 우리는 풍요롭고 무궁무진한 하느님의 생명을 흥미진진하게 탐험할 것입니다. 그러한 삶을 이 세상에서보다 훨씬 더 선명하게 누리게 될 것입니다. 이곳에서의 상처들이 치유되고, 미완의 과업들이 완성될 것이며 쌓여 있던 불순물들이 제거될 것입니다.

이는 놀라운 전망입니다. 하지만 여전히 질문은 남습니다. 새로운 세계가 그처럼 경이롭다면, 왜 하느님은 옛 세계(우리가 사는 이 세계)를 만드셨을까요? 새 하늘과 새 땅이 고통과 죽음 슬픔에서 자유로운 세계라면, 애초에 하느님은 왜 이처럼 수많은 고통이 있는 이 세계를 창조한 것입니까?

이 진지한 질문은 답을 요구합니다. 하지만 새로운 세계는 1차전에서 만든 옛 세계에서 행한 것들을 개선하려는 2차전이 아닙니다. 우선 이를 깨달아야 합니다. 지금 이 세계는 자기 자신이 되도록 허락받은 세계입니다. 앞서 신학적으로 이 세계, 우주의 진화에서 자율성이 허락되었다는 것이 무슨 뜻인지를 살펴보았습니다. 그런 세계에는 죽음이 있을 수밖에 없습니다. 죽음은 생명의 필수 불가결한 대가입니다. 세계에 자율성이 있다면 그런 세계에서는, 세계가 생산성이 풍부한 역사를 구성하려 여러 가능성을 탐험하는 과정에서 불완전한 부분이 생겨나고 막다른 길을 만나기도 하는 것을 피할 수 없습니다. 새로운 생명체를 탄생하게 하는 바로 그 과정이 암세포를 만드는 과정이 될 수도 있다는 점을 기억하시기 바랍니다. 하지만 새 창조는 이와는 사뭇 다릅니다. 이는 새 창조가 옛 창조와는 다른 식으로 작동한다는 뜻입니다.

새로운 세계에서 피조물은 그리스도를 통해 창조주의 생명과 자유롭게 연합됩니다. 그리스도교 신학은 그렇게 이해합니다. 그리스도교인들은 특히 성사를 통해 하느님의 현존과 연합한다고 믿지만, 새로운 세계에서는 어디에서나 그분과 자유롭게 연합한다고 믿습니다. 새 창조는 지나간 과거를 원상 복구하는 두 번째 시도가 아닙니다. 새 창조는 옛것을 구원하고 변모시키는 창조입니다. 예수가 성금요일을 거치지 않고 부활절에 이르지 못했듯 창조도 현재의 고통이라는 계곡을 통하지 않고는 성사적 운명sacramental destiny에 이를 수 없습니다.

매우 신비로운 생각이지만, 저는 이것이 진실이라고 생각합니다. 제가 이를 참이라고 확신하는 이유는 두 가지입니다. 하나는 예수의 부활, 새 창조가 시작되고 자라는 씨앗이 되는 그의 부활 때문입니다. 다른 하나는 모든 현실이 이를 부정함에도 불구하고 인류가 직관적으로 깊이 소망을 갖는다는 것 때문입니다. 앞서 밤에 부모가 아이를 달래며 '괜찮아'라고 확신 있게 이야기해 주는 것이 매우 중요한 선언임을 이야기했습니다. 이는 그저 사랑해서 거짓말을 하는 것이 아니라, 하느님의 실재가 지닌 궁극적 특성을 우리가 깊은 차원에서 직관하고 있기 때문입니다. 이는 영원의 하느님께서 견고한 목적을 갖고 계심을, 선을 이루시는 분임을 확증합니다.

이 장에서는 추론에 따른 내용을 많이 이야기했습니다만, 저는 그리스도교 신앙에서 일관되게 주장하는 내용, 필연적으로 다루는 내용 중 하나가 죽음 너머(인류와 우주 모두의 죽음)의 운명이라고 생각합니다. 이 세상도 풍요롭고 비옥하지만 저는 이 세상, 이 역사가 전부라면 말이 안 된다고 생각합니다. 결국, 궁극적 미래를 묻는 물음에 대한 최고의 답은 "기다리십시오. 그리고 보십시오"일 것입니다. 하느님은 신실한 분이시며 선한 것은 그 어떤 것도 잃어버리지 않으시는 분임을 확신하기에 우리는 기다릴 수 있습니다.

08

과학자가 신앙을 가질 수 있을까?

전업으로 과학을 연구하던 자리를 떠나 성직자가 되면서 제 인생은 많은 면에서 달라졌습니다. 하지만 직업을 바꾸는 와중에도 변하지 않은, 중요한 것이 하나 있었습니다. 제가 진리를 탐구하는 데 관심을 두었다는 것입니다.

종교는 신념으로 현실의 고통을 달래주는 마취제 또는 그저 우리 영혼에 생기를 주는 어떤 수단이 아닙니다. 종교의 핵심 질문은 진리에 대한 질문입니다. 물론 종교는 살아가는 과정 중에 혹은 죽음 앞에 섰을 때 우리를 지탱해 줍니다. 그러나 종교가 그러한 역할을 할 수 있는 것은, 종교가 실제로 현실에 관한 것이기 때문입니다. 제가 아는 사람 중 현실에 참여하는 일에 관해 가장 분명한 시각을 갖고 있으며, 굽히지 않고 현실에 참여하는 이들은 수도사들과 수녀들, 즉 깊은 신앙에서 오는 깨달음으로 경건한 삶을 추구하는 이들입니다.

과학과 종교의 서로 다른 면을 탐구하다 보면 결국 과학과 종교 모두 진리가 무엇인지를 배우고자 하는 공통의 열망이 있음을 알게 됩니다. 진리를 추구하는 과정에서 둘 중 어느 하나도 절대적 확실성을 담보하지 못합니다. 과학과 종교 모두, 근거는 있지만 논의의 여지는 남아있기에 믿음이 필요합니다. 실제로 과학과 종교가 각각 어떻게 과제를 수행해 가는지 살펴봅시다.

1952년, 연구 학생으로 기초 입자물리학을 공부하기 시작했을 때, 과학자들은 물질이 양자, 중성자, 전자로 구성되어 있다고 믿었습니다. 과학자들은 전자를 이해하기 위해 상당히 큰 노력을 기울였고, 지금도 전자를 기본 입자라고 여깁니다. 하지만 제가 이론물리학을 떠난 1979년에 이르러 과학자들은 물질이 양자와 중성자보다 더욱 기본적인 입자로 구성되어 있다는 결론을 내리게 되었습니다. 이 입자들이 바로 이 책 앞부분에서 언급한, 그 유명한 쿼크와 글루온입니다.

아무도 쿼크를 본 적이 없으며 과학자들은 앞으로도 쿼크를 보는 것이 불가능하다고 믿습니다. 쿼크는 양성자와 중성자 내부에 너무도 강하게 서로 묶여 있어 무엇도 이들을 떼어낼 수 없기 때문입니다. 그렇다면 저는 왜 보이지도 않는 쿼크의 존재를 믿는 것입니까? 이에 관해 여러분께 긴 이야기를 들려주고 싶습니다만, 이 책의 목적에서 벗어나니 이 부분은 다음 기회에 자세히 다루도록 하겠습니다. 어쨌든 간단히 말하자면, 쿼크의 존재를 믿는 이유는 쿼크가 우리의 직접적인, 많은 물리적 경험에 들어맞기 때문입니다. 예를 들어, 입자들이 그룹을 형성하는 형태라든가, 전자와 같은 입자들이 양성자나 중성자와 부딪힌 뒤 튕겨 나오며 그리는 흥미로운 궤적들을 살펴보면, 이런 입자 안에 어떤 단단하고 작은 구성물이 있는 것처럼 보입니다.

마찬가지로 저는 대폭발을 믿습니다. 물론 대폭발이 일어났을 때 저는 존재하지 않았으며 그것을 목격하지도 못했습니다. 하지만 대폭발은 오늘날 우주의 모습에 잘 들어맞습니다. 은하들이 서로 멀어지는 것이나, 전파 잡음(배경복사)이 흩어져 있는 현상들은 오래전 과거에 일어난 대폭발의 흔적으로 설명할 때 가장 잘 이해됩니다.

또한, 저는 생물의 진화를 믿습니다. 아직 해결되지 않는 퍼즐 조각 같은 것들도 있고, 어떤 증거들은 꽤나 단편적이며, 진화과정에 대해 이제껏 생물학자들이 알아낸 것 외에 더 많은 것들이 새로 밝혀질 여지가 있습니다. 그럼에도 불구하고 자연선택(병든 것들을 추출하고 작은 변화들이 누적되는 선택)을 포함하여, 진화의 역사를 통해 생물이 처음의 단순한 형태에서 현재의 복잡한 형태로 변해 왔다는 것은, 화석의 기록들, 또 다른 생물들의 유전자 구조의 관계를 설명해주는 단연코 가장 나은 설명입니다.

과학의 지적 전략은 과도한 신뢰도, 끝없는 의심도 아닙니다. 모든 것을 계속 의심하기만 한다면 진보는 이루어지지 못합니다. 다른 모든 사람이 그렇듯, 과학자들도 오랫동안 유지한 믿음을 바꾸라는 요구를 받아들이기 어려워합니다. 우리가 현재 갖고 있는 이 세계에 대한 이해는 결코 의심할 나위 없는 것이 아니며, 실제로 발생하는 일은 종종 이해하기 어렵고 어떤 것들은 심지어 완전히 불가해합니다. 과학자들은 그저 최선을 다할 뿐입니다. 일반적인 과학 이론이 전반적으로 설득력이 있는 것은, 그 이론이 우리의 수많은 물리적 경험을 가장 잘 설명해주기 때문입니다. 과학의 성공이 계속 누적되고 있기에, 우리는 과학의 지적인 전략이 충분히 효과적이라고 믿으며 계속해서 과학 연구를 이어갑니다.

보이지 않는 하느님이라는 실재에 대해서도 저는 같은 전략을 펼쳐보고 싶습니다. 하느님의 존재는 우리가 갖고 있는 많은 지식과 경험에 잘 들어맞습니다. 예를 들어, 물리적 세계의 질서와 비옥함이 그렇고, 실재의 다층적인 특징들이 그렇고, 예배, 희망과 같은 거의 보편적인 인간의 경험이 그러하며, 예수 그리스도라는 현상(그의 부활을 포함해서)이 그렇습니다. 이러한 예들을 여기서 더 깊이 다루지는 않을 것입니다. 하지만 저는 양쪽 모두 매우 비슷한 사고 과정을 거친다고 생각합니다. 저는 과학이라는 영역에서 종교라는 영역으로 옮길 때, 무슨 기어를 바꾸듯 괴상한 지적인 방식으로 옮기는 것이라고 생각하지 않습니다. 종교는 무언가 신비로운 보증을 받은, 의심할 나위가 없는 지식의 원천에서 솟아나는 것이고, 합리적인 판단이 불가능한 것이라고, 재고의 여지가 없는 폐쇄적인 지식 체계에서 믿음이 비롯되는 것이라고 생각하지 않습니다. 하느님은 그 속성상 무한한 풍요로움을 갖고 있으며, 그 풍요로움에 견주면 우리는 하느님에 대해 부적절한 상을 갖고 있을 수밖에 없습니다. 하느님에 대한 우리의 개념은 궁극적으로 더 큰 실재 앞에 부서질 수밖에 없는 우상입니다. 오랜 신학의 역사는 이를 우리에게 알려줍니다.

진리를 추구한다는 점에서 과학과 종교는 지적인 사촌

지간입니다. 한 꺼풀만 벗겨보면 그 실상이 드러납니다. 19세기에 A. D. 화이트A. D. White는 『그리스도교 세계에서 일어난 과학과 신학의 전쟁』The Warfare of Science and Theology in Christendom이라는 널리 알려진 책을 썼습니다. 그러나 과학과 종교가 '충돌'한다는 생각은 오판에서 비롯된, 큰 대가를 치러야 했던 실수였습니다. 저는 대신 과학과 종교가 친밀한 관계를 맺고 있음을 설명하려 했고, 저는 그편이 과학과 종교의 관계에 대한 더 올바른 판단이라고 믿습니다.

과학이 우리와 물리적 실재의 만남에 관한 것이라면, 종교는 우리와 신적 실재의 만남에 관한 것입니다. 과학자도 신앙을 가질 수 있습니다(그리고 실제로 많은 과학자가 신앙을 갖고 있습니다). 저는 제가 그중 한 사람이라는 사실이 기쁩니다. 누군가가 저와 비슷한 기쁨을 발견하는 데 도움이 되기를 소망하며 이야기를 마치도록 하겠습니다.

부록
아래로부터 사고하는 이의 생애와 저술들[*]

존 폴킹혼

저는 언제나 그리스도교 신자였습니다. 교회에서 드리는
예배에 참여하지 않은 적이 없었고 교회라는 신앙 공동체의
일원이 아닌 적이 없습니다. 인생의 후반기에 저는 5년 동안
지역 교회의 사제로 활동했고 3년 동안 교목으로 활동했습
니다. 학창 시절 저는 수학을 잘했습니다. 케임브리지 대학
교 트리니티 칼리지에 갔을 때 수학을 공부하는 것은 자연스
러운 일이었습니다. 대학교에 다니며 저는 수학 언어를 사용

---

[*] 이 글은 종교과학 학술지 「자이곤」*Zygon* 2000년 12월호에 폴킹혼이 쓴
글이다. 폴킹혼의 생애와 전체 저술을 본인 스스로 정리했다는 차원
에서 이 글은 각별한 의미가 있다. 독자들의 이해를 돕고자 수록한다.

해 물리 세계를 이해하는 방법에 관심을 가졌고 이론물리학 박사 학위를 받았습니다. 파키스탄의 저명한 이론물리학자 압두스 살람Abdus Salam이 제 지도교수셨지요. 이후 25년 동안 저는 이론물리학자로 활동했습니다. 소립자 이론물리학과 관련해 가장 흥미로운 시기(이 시기에 핵 물질 쿼크 구조의 표준 모형을 도출해 낸 일련의 발견들이 있었습니다)에 학자로서 참여한 행운을 누렸지요. 커다란 발견을 하지는 않았습니다만, 저는 B급 과학자 집단 중 활동적이고 생산적인 일원이었고 A급 과학자 집단에 있는 위대한 과학자들을 모두 알고 있었습니다. 1970년대 중반까지, 저는 이론물리학 중 특정 분야에 천착했습니다. 그때 즈음, 저는 이 주제와 관련해 소임을 다했고 다른 일을 할 때가 왔다는 생각이 들었습니다. 그래서 1979년 성공회 사제 서품을 받기 위해 케임브리지 대학교 교수직을 내려놓았지요. 과학에 환멸을 느껴서 물리학계를 떠난 것이 아닙니다. 예전처럼 전문가로서 최신 이론과 지식을 습득하는 데 힘을 쏟지는 않았습니다만, 제가 다루었던 문제에 대해서는 늘 관심을 유지했습니다. 다만 변화의 때가 왔다고 직감했을 뿐입니다. 서품을 받고 수년간 사목활동을 하며 저는 제 소명이 과학과 신학의 관계에 대해 생각하고 쓰는 데 있음을 깨달았습니다. 이후 이 주제는 제 가장 중요한 지적 관심사가 되었습니다.

이 자전적인 글은 제가 과학과 신학에 진지한 관심을 보이는 이라는 사실을 분명히 보여주는 데 그 목적이 있습니다. 신학과 과학은 모두 진리를 찾고 이해하기를 열망합니다. 교수직을 내려놓고 성직자가 되면서 삶의 형태는 꽤 달라졌습니다. 하지만 두 활동의 중심에는 모두 근거 있는 믿음을 향한 진리의 탐구가 있지요.

이후 저는 과학과 종교의 관계에 관한 다양한 대중강연을 했습니다(저의 대다수 저작은 강연 원고를 바탕으로 하고 있으며 가장 좋은 부분은 강연 뒤 질의응답 시간에 나눈 이야기에서 나왔습니다). 그때마다 저는 과학의 전도사가 된 것만 같은 기분이 들었습니다. 진리의 하느님을 섬기는 이들이 감사한 마음으로 과학적 진리의 통찰을 받아들일 수 있기를 바랐기 때문이지요. 저는 과학과 관련해서는 4권의 저작을 썼고 그중 한 권은 교양 독자를 위해 썼습니다. 1984년에 출간된 『양자 세계』The Quantum World는 제 모든 책 중 가장 많은 판매량을 기록했습니다. 새로운 과학적 사고가 불러일으키는 흥분과 경이를 다른 이들과 나눌 수 있는 것은 커다란 특권입니다. 이러한 글을 쓸 때는 무엇을 넣어야 할지 고민하는 것 못지않게 무엇을 빼야 할지를 결정해야 합니다. 일부 개념(직관적으로 와닿지 않는 양자 세계와 관련된 개념)은 어느 정도 이해할 수 있게 만들수 있지만, 독자가 일단 전제로 받아들이게 해야 하는 개념도 있지요.

성직자가 된 이후에는 신학을 공부했고 그 결실 중 일부를 사람들과 나누었습니다. 신학교에 들어가고 난 뒤 꽤 많은 신학 서적을 읽었지요. 그러나 대다수의 경우 오늘날 한 가지 이상의 분야에서 전문가가 되기에 인생은 너무 짧습니다. 저는 이론물리학의 전문가입니다. 전문가가 되기 위해 오랜 수련을 받았고 전문가로서 무엇을 갖추어야 하는지를 이해하고 있습니다. 신학과 관련해서는 그 정도는 아닙니다. 그렇기에 저를 두고 신학에 매우 관심이 많은 물리학자 그 이상으로 평가하기는 힘들 것 같습니다. 저는 이 정도가 저와 같은 과학자에게 적절한 설명이라고 생각합니다. 그리고 신학과 과학의 대화를 할 때, 과학자들은 자신이 신학에 관심을 가지는 만큼 신학자들도 과학에 관심을 가질 수 있도록 격려해야 합니다.

저의 신학적 사고는 두 가지 커다란 원칙을 바탕으로 이루어집니다. 하나는 그리스도교 진리에 관한 전통적인 이해를 존중하는 것입니다. 니케아 신경은 제 신학적 사고를 형성하는 근본 틀입니다. 이 신경은 폐쇄적이지 않으며 충분한 해석의 여지를 남겨두고 있습니다(언젠가 저는 이를 물리학자들이 주머니에 넣고 다니는 입자 자료 목록과 비교한 적이 있습니다). 신경이라는 '뼈'에 어떤 살을 입힐지는 각 세대가 스스로 결정해야 할 문제입니다. 모든 그리스도인은 자신이 속한 시대와 상황 속에서 그리스도교 신앙에 담긴 진리를 유의미한 것으로 받아들이고 이를 이해하기 위해 노력하기 마련입니다. 그리고 물질세계의 구조와 역사와 관련해 오늘날 과학이 제공하는 통찰은 그리스도인들에게도 중요한 자원이 될 것입니다. 그러나 저는 신학적 해석이 가능한 한 과거에 대한 이해와 함께 과거와 현재의 연속성, 그 궤적을 유지하는 방식으로 이루어져야 한다고 생각합니다.

이는 두 가지 이유 때문입니다. 우선 과학과는 달리 신학은 누적된 자료를 바탕으로 진보하는 학문이 아닙니다. 오늘날 물리학 분야에서 박사 학위 소지자는 아이작 뉴턴 경보다 우주에 대해 훨씬 더 많이 알고 있습니다. 그러나 신학의 경우 현대 신학자들이 과거의 위대한 신학자들, 영적 대가들보다 훨씬 더 통찰력 있다고, 혹은 훨씬 더 많이 알고 있다고 말할 수 없습니다. 20세기 후반에 이르러서야 비로소 그리스도교가 진정으로 무엇인지 알게 되었다는 어떤 이들의 해석은 제게는 주제넘은 일처럼 보이고 의심스럽습니다. 물론 수정 작업은 있어야 할 것입니다. 타락이 그 대표적인 예겠지요.* 그러나 단지 우리 시대에 유행하는 사고와 잘 맞지 않는다는 이유만으로 과거의 유산을 잃어버리지 않도록 해야 합니다.

두 번째 원칙은 니케아 신경을 포함한 전통 그리스도교는 풍부한 구조와 우리의 직관을 거스르는 성격이 있음을 잊지 말아야 한다는 것입니다. 이는 현대 물리학자들이 물리학을 통해 발견한 것과 결을 같이 합니다. 성공적인 기초 이론은 자주 이런 특성을 보입니다. 양자 이론가가 하느님의 신비로운 속성에 대한 설명이 아원자 세계에 대한 설명보다 더 수월하기를 기대한다면 불합리한 일이겠지요. '두터운' 전통 삼위일체론과 그리스도론은 창백하고 황량한 근대 그리스도교 신학보다 훨씬 설득력 있어 보입니다. 기포드 강연에서 저는 제 과제를 설명한 바 있습니다.

（저의 과제는）오늘날 정통 그리스도교의 핵심을 받아들이는 가운데 과학적 사고에 부합하는 근거 있는 이해를 향한 탐

---

* John C. Polkinghorne, *Reason and Reality* (London: SPCK, 1991), 8장 그리고 *Belief in God in an Age of Science* (New Haven: Yale Univ. Press, 1998), 63~65를 참조하십시오.

구를 어느 정도까지 활용할 수 있는지를 탐구하는 것입니다. 물론, 이 과정에서 몇 가지 개정 작업은 불가피할 것입니다. 그러나 저는 우주적 정신에 관해 완화된 신학, 현대 정신에 비추어 좀 더 이해하기 쉬운 사상가들을 선호한다고 해서 전통적인 삼위일체 신학과 성육신 신학을 버려야 할 필요는 없다고 생각합니다. 과학자인 저는 삼위일체 신학과 성육신 신학이라는 기초 이론은 어렵지만, 놀라울 뿐 아니라 매우 흥미롭다고 생각합니다.[*]

이 신학들은 풍부한 개념을 머금고 있으며 우리의 상식에 도전합니다. 물론 이제 이 신학들은 이제 더는 물리학처럼 이론의 정확성을 보증하지 않습니다. 위와 같은 전통신학의 특징은 이해를 위한 탐구의 필요조건이지만 충분조건은 아닙니다. 여기서 저의 신학 탐구 두 번째 원칙이 나왔습니다. 저는 이를 '아래로부터의 사고'라고 부릅니다. 즉 경험에서 이해로 나아가는 것이지요. 과학자들은 현실이 상상 이상으로 놀랍다는 사실을 알고 있습니다. 그렇기에 현실에 대한 인간의 합리적 예측 능력은 그다지 높지 않다는 것 또한 알고 있

---

[*] John C. Polkinghorne, *Science and Christian Belief* (London: SPCK, 1994), 1.

습니다. 과학에서는 '어떤 주장이 합리적인가?'라는 질문을 던지기 전에 '그럴 수도 있다고 생각하는 증거는 무엇인가?'라는 질문을 먼저 던지고 답해야 합니다.

웨스트콧 신학교 학생으로 신학을 진지하게 공부하기 시작하면서 저는 신약학의 매력을 알게 되었습니다. 신약학에 견주면 조직신학은 '위로부터의' 접근을 취하는 것 같았습니다. 실제로 타당성이 확립된 것이 아니라 사람들이 당연하다고 여기는 일반 개념에 호소하는 것처럼 보였지요. 이와 달리 신약학을 공부할 때는 그리스도교의 근간이 되는 현상과 함께 수 세기 동안에 걸친 지적 투쟁을 거쳐 풍요로운 니케아 신학을 낳은 근본 경험들을 알 수 있었습니다. 그때부터 저는 신약학 저작을 최대한 많이 읽으려 노력했습니다. 어떤 요정이 소원을 이루어주겠다고 하며 무엇을 원하느냐고 묻는다면 저는 신약학자가 되기 위한 기술과 경험을 달라고 했을 것입니다. 물론 위르겐 몰트만Jürgen Moltmann과 볼프하르트 판넨베르크Wolfhart Pannenberg 같은 조직신학자들에게도 큰 도움을 받았습니다. 몰트만의 『십자가에 달리신 하느님』Der gekreuzigte Gott은 제가 처음으로 읽은 진지한 신학 서적이었으며 창조적인 신학적 사유가 어떠한 힘을 지니고 있는지를 알려주었습니다. 전통에 대한 존중과 '아래로부터의 사고'라는 두 가지 원칙은 제 기포드 강연(이 강연의 부제는 '아래로부터 사고하는 이의 신학적 성찰'The Theological Reflections of a Bottom-up Thinker 이었습니다) 내용의 핵심이었습니다. 저는 현대 과학과 신학 분야에서 활동하는 수많은 동료보다 좀 더 전통을 중시하는 것 같습니다.* '전통'을 반대하거나 싫어하는 이들은 제가 전통을 존중한다고 말하면 '보수주의자', 혹은 '정통주의자'라는 딱지를 붙이려는 경향이 있습니다. 어떤 면에서 저는 그런 평가를 받아들입니다. 저 말을 적절하게 해석한다면 말이지요. '보수주의자'로서 저는 과거를 고수해야 한다고 생각하지 않지만, 과거에 (현재 우리의 바탕이 되는) 가치를 찾을 수 있다고 믿습니다. '정통주의자'로서 저는 그러한 길이 '올바른' 사고방식이라고 믿습니다.

삶의 대부분을 학계에서 보낸 사람으로서 저는 언제나 지적인 진지함을 가지고 글을 쓰려 노력합니다. 누군가는 저를 두고 '과학 시대의 그리스도교 변증가'apologist for Christianity 라고 묘사한 적이 있습니다. '변증가'가 '그리스도교 신앙이 합리적인지 묻는 이들을 돕는 사람'을 뜻한다면 저는 이 말을 명예롭게 받아들이겠습니다. 그러나 저는 내적으로 진리

---

* 다음을 보십시오. John C. Polkinghorne, *Scientists as Theologians* (London: SPCK, 1996)

를 추구할 때만 외부를 향한 변증이 효과적으로 이루어질 수 있다고 믿습니다. 저는 어떤 대의명분, 심지어는 그리스도교를 위해서라 할지라도 '논객'이 되고픈 마음이 전혀 없습니다. 복잡한 사안을 두고 정확히 무엇을 말해야 할지 알지 못할 때 저는 이를 그대로 정직하게 글에 담아낼 수 있기를 바랍니다. 현재 제가 가장 관심을 기울이는 문제는 종교의 다양성입니다.* 다양한 현실 종교, 그리하여 다양한 언어가 있는 종교 담론은 단일한 언어를 쓰는 과학 담론과는 사뭇 다릅니다. 세계 종교들은 모두 성스러움이라는 초월적 차원의 존재와 의미를 증언합니다. 이 증언들은 각 종교가 속한 문화권이라는 프리즘에 의해 굴절된 것이기 마련입니다. 하지만, 이를 고려하더라도 이 증언들 사이에 상당한 차이가 있다는 사실은 꽤 곤혹스러운 일입니다.

과학과 종교라는 주제에 대해 글을 쓰기 시작하며 저는 누구를 위해 글을 쓰는지를 결정해야 했습니다. 제가 염두에 둔 독자군은 통상적인 학교 과정을 밟은 대중과 학계 사이 어딘가에 있는 이들이었습니다. 물론 일반 독자와 전문 독자가 절대적으로 구분되지는 않습니다만, 누구를 잠재 독자로

---

* 다음을 보십시오. John C. Polkinghorne, *Science and Christian Belief*, 10장.

상정하느냐에 따라 글의 형태와 전달 방식에 차이가 있기 마련이지요. 저는 일반 독자를 제 주 독자로 상정했습니다. 언제나 지적으로 사려 깊은 논증, 증거를 세심하게 제시하려 노력했지만, 학자들이 선호하는 방식을 택하지는 않았습니다. 어떤 이들은 이 때문에 제가 진지하게 학문 작업을 하고 있지 않다고 평가하기도 합니다. 저와 비슷한 주제를 다루는 다른 동료의 글이 "더 신중"하다고 평가한 이들도 있습니다. 하지만 그의 글은 제 눈에는 그저 장황해 보였습니다. 저는 간결한 문장을 선호하며 할 말 이상의 표현을 '정교하게' 쓰는데 지면을 낭비하고 싶지 않습니다. 이는 어느 정도 제가 과학자로 훈련을 받았기 때문이겠지요.

저는 논문보다는 짧은 책을 주로 쓰는데 독자들이 이러한 방식을 좋게 봐주셔서 감사한 마음입니다. 저는 따로 긴 저술 기획을 하지는 않습니다. 그때그때 제가 관심을 기울이는 주제나 문제를 다루지요. 책을 쓸 때는 이와 관련해 제가 읽을 수 있는 모든 자료를 읽어보려 합니다. 그렇게 1년 정도 지나면 제 머리에는 너무나 많은 생각거리와 내용이 두서없이 떠돌아다닙니다. 이를 정리하는 유일한 길은 종이에 글을 쓰는 것뿐입니다(고인이 된 존 로빈슨 주교는 일전에 제게 손에 펜을 들지 않고는 사고를 할 수 없다고 말한 적이 있습니다. 저는 즉각적으로 그 말의 의미를 알았습니다. 글쓰기는 사상의 결정을 만드는 활동이라는 것이지요). 그렇게 해서 책이(주로 짧은 책이) 나옵니다. 책을 마무리할 즈음에는 다른 주제, 문제가 제 관심을 끕니다. 그러한 면에서 신학에 관심이 많은 과학자로서 제 삶은 이론 물리학자로 활동했을 때와 공통점이 있습니다. 두 경우 모두 한 단계를 마치고 다음 단계로 나아갈 때 어느 정도 (어떤 확고한 원칙을 따라 움직이는 것이 아니라 그때그때 관심사를 따라 움직인다는 의미의) 기회주의가 작용한다는 점에서 말이지요. 글쓰기는 언제나 즐거운 활동입니다.

대중을 위해 글을 쓰기로 한 뒤로 저는 현재 과학자 및 신학자가 통상 쓰는 글보다 훨씬 더 다양한 수준의 글을 썼습니다. 1994년 기포드 강연 원고*를 쓰고 난 뒤 1998년 테리 강연 원고**를 쓰기 전 저는 『쿼크, 카오스, 그리스도교』***라는 친절한 문투의 작은 책을 썼습니다. 종종 강연을 마치고 나면 어떤 분이 제가 쓴 책을 읽으려 하는데 어느 책을 읽는

---

* 다음을 가리킵니다. John C. Polkinghorne, *Reason and Reality* (London: SPCK, 1991)
** 다음을 가리킵니다. John C. Polkinghorne, *Belief in God in an Age of Science* (New Haven: Yale Univ. Press, 1998)
*** 다음을 가리킵니다. John C. Polkinghorne, *Quarks, Chaos and Christianity* (London: Triangle) 『쿼크, 카오스, 그리스도교』(비아)

것이 좋으냐고 물어볼 때가 있습니다. 그런 물음을 받으면 망설이는 작가들도 있습니다만, 저는 으레『쿼크, 카오스, 그리스도교』를 읽어보라고 답하곤 합니다. 그런 질문을 하는 분의 경우 너무 상세한 논의를 담고 있지는 않은, 하지만 제 전체 생각을 알 수 있는 일종의 개요를 원하기 때문이지요. 『쿼크, 카오스, 그리스도교』는 그러한 기대에 부응하기 위해 쓴 책입니다(제가 선호하는 방식이기도 합니다).

과학과 신학 분야의 흥미로운 점은 저자들의 학문 경험이 그들의 글에 영향을 미친다는 것입니다. 커다란 학문 아래서도 어떤 분야를 공부했느냐에 따라 학자의 관점이 달리 형성되고 그 관점의 틀 아래 학자는 통찰과 이해를 추구합니다. 저의 저술은 제가 오랜 기간 기초물리학 중 수리물리학자로 활동했다는 사실과 밀접한 연관이 있습니다. 아름다운 방정식을 추구했던 대가 폴 디랙Paul Dirac의 수업을 들으며 저는 물리 세계의 합리적 질서와 투명함에 깊은 감명을 받았습니다. 그러한 면에서 제가 현대에 다시금 살아난 (그리고 수정을 거친) 자연신학을 추구한 것은 자연스러운 일인지도 모르겠습니다.* 포괄적인 이해를 위한 탐색의 일환으로 증거proof보

---

* 다음을 참조하십시오. John C. Polkinghorne, *Science and Creation* (London: SPCK) 1장과 2장, 그리고 *Reason and Reality*, 6장, *Belief in God in an Age of*

다는 통찰insight을, 과학과 경쟁하기보다는 과학과의 상호보완을 강조한다는 점에서 자연신학의 야망은 그리 크지 않습니다. 그리고 이 자연신학natural theology은 좀 더 정확하게 말한다면 자연에 관한 신학theology of nature이라고 해야 할 것입니다.* 달리 말하면 우리는 하느님에 대한 믿음을 자연을 새롭게 조명하는 해석 원리로 활용해야 합니다.

일반적으로 진화과정은 피조물이 자기 자신을 만들어나가는, 지속적인 창조 활동으로 간주됩니다. 지속적인 창조라는 생각은 단순히 자연에서 일어나는 현상에 대한 기술 이상의 것입니다. 제가 보기에 이는 자연의 창조주인 하느님이 섭리의 하느님으로서 이 세계에서 적극적으로 활동하심을 드러냅니다. 그리고 이를 바탕으로 누군가는 하느님은 진화에 반드시 필요한 분일 뿐만 아니라 진화의 가능성에도 반드시 필요한 분이라고 주장할 수 있습니다. 최근 과학과 신학이 대화를 나눌 때 하느님의 활동에 대한 신학적 이해와 물질의 과정, 생물학적 과정에 대한 과학적 이해를 어떻게 조화롭게 하느냐는 문제를 매우 중요한 의제로 다루곤 합니다.

Science, 1장.

* 다음을 참조하십시오. John C. Polkinghorne, *Science and Christian Belief*, 2장.

저는 카오스 이론의 예측 불가능성에 대한 존재론적 함의를 두고 대다수 동료와 견해를 달리합니다. 과학과 신학에서 많은 이가 포용하는 비판적 실재론critical realism에 기대어 저는 "인식론은 존재론을 모형화한다"라는 명제를 만들었습니다.* 이 말은 우리가 알 수 있는 것과 알 수 없는 것을 따지는 것을 실제 상황에 대한 해석 지침으로 삼아야 한다는 것입니다. 대다수 양자물리학자는 하이젠베르크의 '불확정성의 원리(이 원리는 본래 무엇을 측정할 수 있느냐에 관한 인식론적 발견이라고 할 수 있습니다)'를 존재론적으로 해석합니다. 물론, 불확실성을 단순한 무지의 문제로 보는 데이비드 봄의 또 다른 해석이 있으므로 이는 논리상 필연적인 귀결은 아닙니다.**

이와 관련해 저는 많은 비판을 받았습니다. 그리고 오해를 받기도 했습니다. (저를 향해) 예측 불가능성이 반드시 인과율로부터의 개방성을 뜻하지 않는다고 이야기하는 사람은 이미 저와 분별 있는 학자들이 알고 있는 내용을 말하고 있는 것입니다. 예측성에서 인과성을 추론할 수 없고 물리학

---

* 다음을 참조하십시오. John C. Polkinghorne, *Reason and Reality* 그리고 *Belief in God in an Age of Science* 5장.

** 다음을 참조하십시오. David Bohm, Basil Hiley, *The Undivided Universe* (London: Routledge, 1993)

에서 형이상학을 추론할 수는 없습니다. 모든 형이상학적 추측은 위험을 내포합니다. 여러 해석 중 한 해석이 정당성을 갖는다면, 이는 그 해석이 좀 더 합리적인 설명을 제시하기 때문일 것입니다. 이러한 맥락에서 저는 한 특정 전략을 지지합니다. 그것은 바로 인간과 하느님의 활동에 대한 이해라는 희망의 빛을 흘낏 제시하는, 능동적 정보active information를 통한 '위로부터의 인과성'이 있다는 것입니다.*

이와 관련해 어떠한 인과관계가 있는지를 추측하는 이는 누구든 하느님이 여러 원인 중 하나의 원인으로 축소되었다는, 신학적으로는 받아들일 수 없는 커다란 도전과 맞닥뜨리게 됩니다. 하지만 그리스도교에서 전통적으로 이야기하듯이 도전이 반드시 하느님의 위상을 깎아내리지는 않을 수도 있다고 저는 생각합니다. 이는 피조물이 존재하게 하는, 자기 비움의 창조 활동을 포함한 하느님의 겸손한 활동의 일부로 볼 수 있습니다.**

하느님의 활동에 대한 저의 생각과 관련된 오해들에는 어

---

* 다음을 참조하십시오. John C. Polkinghorne, *Reason and Reality*, 3장 그리고 Belief in God in an Age of Science, 3장.

** 다음을 참조하십시오. John C. Polkinghorne, *Faith, Science and Understanding* (London: SPCK, 2000), 6장.

느 정도 해명을 해야 할 것 같습니다. 이 주제를 처음 다룬 책은 『과학과 섭리』Science and Providence였습니다. 이 책에서 저는 카오스 시스템에 관해 언급했지요.

> 우리는 카오스 시스템이 어떻게 작동할지 잘 모른다. 당신이 실재론자이고 나처럼 우리가 알고 있는 것(인식론)과 실제로 있는 것(존재론)이 서로 밀접한 연관이 있다고 믿는다면, 카오스 시스템이 내재적인 개방성을 지니고 있다고 해석하는 것은 자연스러운 일이다. 고전 물리학의 세계에도 유연한 과정이라는 새로운 속성이 있다. 현실은 우리의 생각보다 더 유연하다. 뉴턴의 엄격한 결정론적 설명은 이 현실에 대한 근사치 이상은 아니다.[*]

비록 제가 간결한 글을 지향하기는 하나 이 설명은 너무 생략된 내용이 많았고, 그 결과 위에서 설명한 실재론 전략의 설득력을 떨어뜨렸습니다. 이후 저는 제가 실제로 의도한 바가 무엇인지 해명하기 위해 많은 노력을 기울여야 했습니다.

---

[*] John C. Polkinghorne, *Science and Providence* (London: SPCK, 1989), 29.

다른 많은 동료와 마찬가지로, 저는 과학과 신학의 학제 간 대화를 이해를 위한 인간의 숭고한 탐구의 일환으로 봅니다. 제가 보기에 신학은 만물의 바탕인 하느님에 관해 말하기 위해 만물에 관한 이론이라는 역할을 맡고 있습니다. 신학은 우주가 가장 깊은 차원에서 완전히 이치에 맞는다는 생각에 바탕을 둔 총체적 관점을 지향합니다. 하지만 인간은 수십 년에 걸쳐, 우주는 수백억 년에 걸쳐 죽음을 맞이한다는 냉정한 사실은 이러한 관점에 이의를 제기하지요. 그러므로 그리스도교 신학이 신뢰를 주기 위해서는 신뢰할 만한 종말론을 구축해야 한다고 저는 확신합니다. 그래서 저는 최근 몇 년간 종말론과 관련된 내용을 조금이나마 해결하기 위해 노력했습니다.*

여기서 예수 그리스도께서 십자가의 피(골로 1:20)로 만물과 화해를 이룬다는 우주적 그리스도론은 매우 중요합니다. 빈 무덤 이야기도 마찬가지로 중요합니다. 이 이야기에는 주님께서 부활하셨을 때 그 몸이 죽은 몸의 영광스럽고 변모한 형태라는 메시지가 담겨 있으며, 그리하여 그리스도는 인간

---

* 다음을 참조하십시오. John C. Polkinghorne, *Science and Christian Belief*, 1994, 9장 그리고 John C. Polkinghorne, Michael Welker(ed.), *The End of the World and the Ends of God* (Harrisburg: Trinity Press International, 2000)

뿐만 아니라 물질의 희망이라는 사실을 증언합니다. 이는 신비롭고 난해한 생각일지 모릅니다. 하지만 저는 그리스도교가 제시하는 희망이 참이기 위해서는 필요한 생각이라고 믿습니다.

마지막으로, 저는 1988년 영국 정부의 요청으로 배아 세포 연구와 치료 사용에 관한 실천 법규를 개정하는 위원회의 의장을 맡게 되면서 의도하지 않게 제 삶에 일어난 변화에 대해 언급하고 싶습니다. 유능한 동료들의 도움으로 저희가 만든 법규는 지금도 영국에서 시행되고 있습니다. 이를 계기로 저는 종종 유전자 변형 식품, 약물 오용자 치료, 인간 유전 연구와 관련된 여러 공식 위원회의 의장으로 활동했습니다. 저는 아마추어로서 이러한 윤리적인 사안들에 참여했습니다. 매우 현실적인 성격을 지니고 있었지요. 이와 관련된 출판물은 그리 많지 않습니다. 생명 윤리와 관련된 학술지와 서적에 기고하는 형태로 쓴 몇 개의 글이 있는 정도입니다.

| 존 폴킹혼 저서 목록 |

■ 신학 분야

· **The Way the World Is: The Christian Perspective of a Scientist** (London: Triangle/
SPCK, 1983, Louisville: Westminster John Knox Press, 2007)

· **Creation and the Structure of the Physical World** (Chelmsford: The Christian Evidence
Society, 1986)

· **One World** (London: SPCK, 1986, N.J.: Princeton University Press, 1987, Philadelphia :
Templeton Foundation Press, 2007)

· **Science and Creation** (London: SPCK, 1989, Philadelphia: Templeton Foundation Press,
2006)

· **Science and Providence** (London: SPCK, 1989, Philadelphia: Templeton Foundation Press,
2005)

· **Reason and Reality: Relationship Between Science and Theology** (London: SPCK,
1991)

· **Quarks, Chaos and Christianity** (London: SPCK, 1994, SPCK/Crossroad 2006) 『퀴크,
카오스, 그리스도교』(비아)

· **Science and Christian Belief** (London: SPCK, 1994, N.J.: Princeton University Press, 1994,
MN: Fortress Press, 1994(미국에서는 The Faith of a Physicist라는 제목으로 출간))

· **Scientists as Theologians** (London: SPCK, 1996)

· **Beyond Science: The wider human context** (Cambridge: Cambridge University Press,

1996)

· **Searching for Truth** (New York: Crossroad, 1996) 『진리를 찾아서』(KMC)

· **Belief in God in an Age of Science** (New Haven: Yale University Press, 1998) 『과학시대의 신론』(동명사)

· **Science and Theology** (London: SPCK, 1998, MN: Fortress Press, 1998)

· **The End of the World and the Ends of God** (미하엘 벨커Michael Welker와 공저, London: Bloomsbury Publishing, 2000) 『종말론에 관한 과학과 신학의 대화』(대한기독교서회)

· **Traffic in Truth: Exchanges Between Sciences and Theology** (Norwich: Canterbury Press, 2000, MN: Fortress Press, 2002)

· **Faith, Science and Understanding** (London: SPCK, 2000, New Haven: Yale University Press, 2000)

· **The Work of Love: Creation as Kenosis** (이안 바버Ian Barbour, 새라 코클리Sarah Coakley, 위르겐 몰트만Jurgen Moltmann, 키스 워드Keith Ward 등과 공저 및 편집, London: SPCK, 2001) 『케노시스 창조이론』(새물결플러스)

· **The God of Hope and the End of the World** (London: SPCK, 2002, New Haven: Yale University Press, 2002)

· **The Archbishop's School of Christianity and Science** (York: York Courses, 2003)

· **Living with Hope** (London: SPCK, 2003, Louisville: Westminster John Knox Press, 2007)

· **Science and the Trinity: The Christian Encounter With Reality** (London: SPCK, 2002, New Haven: Yale University Press, 2004)

· **Exploring Reality: The Intertwining of Science & Religion** (London: SPCK, 2005, New Haven: Yale University Press, 2005)

· **Quantum Physics & Theology: An Unexpected Kinship** (London: SPCK, 2007, New Haven: Yale University Press, 2007) 『양자물리학 그리고 기독교신학』(연세대학교

출판부)

· **From Physicist to Priest, an Autobiography** (London: SPCK, 2007, OR: Cascade, 2008)

· **Theology in the Context of Science** (London: SPCK, 2008) 『과학으로 신학하기』(모시는사람들)

· **Questions of Truth: Fiftyone Responses to Questions about God, Science and Belief** (니콜라스 빌Nicholas Beale과 공저, Louisville: Westminster John Knox, 2009)

· **Encountering Scripture: A Scientist Explores The Bible** (London: SPCK, 2010) 『성서와 만나다』(비아)

· **Science and Religion in Quest of Truth** (London: SPCK, 2011)

· **What Can We Hope For?** (패트릭 마일즈Patrick Miles와 공저, Sam&Sam, 2019)

■ **과학 분야**

· **The Analytic S-Matrix** (R.J.이든R.J. Eden, P.V.랜드쇼프P.V. Landshoff, D.I.올리브D.I.Olive와 공저, Cambridge: Cambridge University Press, 1966)

· **The Particle Play** (New York: W.H. Freeman, 1979)

· **Models of High Energy Processes** (Cambridge: Cambridge University Press, 1980)

· **The Quantum World** (NJ: Princeton University Press, 1985, Philadelphia: Templeton Foundation Press 2007)

· **Rochester Roundabout: The Story of High Energy Physics** (New York: Longman, 1989)

· **Quantum Theory: A Very Short Introduction** (New York: Oxford University Press, 2002)

· **Meaning in Mathematics** (티모시 고어즈Timothy Gowers, 로저 펜로즈Roger Penrose, 마커스 듀 서토이Marcus du Sautoy 등과 공저 및 편집, New York: Oxford University Press, 2011)

우리는 신앙이 우습게 보이는 시대에 살고 있다. 신앙은 그저 개인의 의견이나 취향에 불과한 것으로 취급된다. 신에 대한 증거도 별로 신통치 않아 보인다. 우리는 그저 삭막하고 광대한 우주 한구석에 있는 왜소한 행성에 사는 보잘것없는 존재들 같다. 세상에는 악과 고통이라는 부조리가 넘쳐난다. 과학이 온갖 편리함을 가져다주는 시대에 기적이라는 말은 속임수처럼 들릴 뿐이다. 과학을 믿는 사람들이 신앙을 갖는다는 것이 말이나 되는 소린가? 신앙은 마치 박물관 구석에 처박힌 케케묵은 이야기일 뿐이다.

우리는 이런 상황에 익숙하다. 신앙이 없는 사람들이 항상 던지는 질문들 앞에서 신앙을 가진 사람들은 그저 말문을 닫을 뿐이다. 우리는 논리와 과학의 용어로 신앙을 설명할 줄 모른다. 하지만 이러한 우리 자신의 무지나 무능력 자체가 우리의 신앙이 거짓이라는 증거가 될 수는 없다. 과학을 얼마든지 포용하면서도 신앙을 갖는 것이 가능하기 때문이다. 과학에 모순되지 않게 신앙을 논리적으로 설명하는 일은 얼마든지 가능하다. 단지 우리가 게을러서 숙제를 하지 않을 뿐이다. 그 숙제는 이성적이고 합리적인 방법으로 과학과 신앙을 함께 이해하려고 노력하는 작업이다.

이런 상황에서 폴킹혼은 과학과 신앙에 관한 주제들을 하나씩 던지며 명쾌한 시각을 제시하는 학자 중 한 사람이다. 물리학자로 평생을 보냈고 현재는 성공회 사제인 그는 과학과 신앙의 문제로 오랫동안 씨름해왔다. 그의 장점은 과학자와 신학자로서 두 전문적인 시각을 종합하여 과학과 신앙의 관계를 설정하는 훌륭한 통찰을 제공한다는 점이다. 이 책에서 그는 과학 지식을 얻는 과정을 설명하며 과학은 사실이고 신앙은 의견에 불과하다는 편견을 속 시원하게 깨뜨린다. 나아가 오히려 섬세하게 조율된 우주의 특성을 볼 때 창조주의 존재를 믿는 것이 오히려 합리적이라고 역설한다. 과학에 대한 이해를 바탕으로 그는 하느님이 창조세계를 운행하고 섭리하는 방식에 대해 독특한 관점을 제시하면서 악과 자연재해의 문제에도 접근한다. 그뿐만 아니라 기도와 기적을 어떻게 이해해야 하는지, 종말과 부활을 어떻게 과학과 연결할수 있는지를 차례로 풀어간다. 결국 이 책은 과학자가 신앙을 가질 수 있다는 것을, 그리고 하느님이 만드신 창조세계를 이해하기 위해서는 과학과 신앙이 함께 필요하다는 것을 설득력 있게 제시한다.

책의 제목이 시사하듯이, 폴킹혼은 양자 이론과 카오스 이론에서 여러 통찰을 가져온다. '쿼크'는 핵을 구성하는 기본 입자로 양자 이론을 상징하며, '카오스'는 말 그대로 카오스 이론을 대변한다. 이 두 이론의 특징은 '비결정성'과 '예측 불가능성'이다. 그는 이 특징들을 통해 하느님이 섭리하는 방식을 조망한다. 뉴턴 역학에 바탕을 둔 기계론적 사고를 넘어서는 이런 통찰은 하느님이 창조세계와 상호작용할 수 있는 채널들을 논리적으로, 그리고 설득력 있게 제시한다. 특히 '하향식 인과관계'라는 개념을 조심스럽게 제시하면서, 기존의 과학에서 흔히 사용하는 '상향식 인과관계'와 더불어 하느님이 창조세계를 운행하는 방식을 그려낸다.

물리학자들이 과학과 신앙의 주제를, 특히 생물진화를 다룰 때 사람들은 흔히 색안경을 쓰고 보는 경향이 있다. 아마도 물리학은 무기체를 대상으로 하는 기계적인 학문인 데 반해, 생물학은 복잡한 유기체를 다루는 학문이라는 선입견에 기인하는 듯하다. 그러나 이런 선입견은 물리학을 매우 좁게 보는 오류에서 비롯된다. 사실 물리학계에서는 20세기 초기에 양자 이론과 상대성 이론이 대두하면서, 뉴턴의 기계론이 제시했던 과학에 대한 낭만적 기대가 무너졌다. 양자 세계의 비결정성은 말 그대로 우주를 하나의 기계로 볼 수 없다는 충격을 던져주었다. 그러나 '비결정성'과 '예측 불가능성'과 같은 물리학의 주요한 발견들은 아직 다른 학문으로 전이되지 않은 듯하다. 대부분의 다른 학문들은 아직도 기계론적 과학관에 바탕을 둔다. 특히 분자생물학의 성공을 누린 생물학자들은 마치 뉴턴 역학의 전성기에 물리학자들이 가졌던 장밋빛 희망을 현재 품고 있는 듯하다. 이것이 바로 생물학자들과 인지과학자들 중에 인간은 단지 원소들로 구성된 우주의 우연한 산물에 불과하다고 주장하는 사람들이 많은 이유라고 폴킹혼은 설명한다. 간단히 말하면, 양자 이론의 경험을 통해 오히려 물리학자들이 과학의 한계를 더 깊이 인식하고 있다는 말이다.

과학과 신앙의 큰 틀을 제시하는 폴킹혼의 논거들은 상당히 논리적이며 일관성이 있다. 하느님이 만드신 (물리적 우주를 포함한) 전체 세계를 조망하려는 과학자들이나 신학자들의 그림은 상당히 편파적이거나 혹은 내부적 모순을 안고 있는 경우가 흔하다. 반면 비록 모든 사람이 동의하는 것은 아니지만, 폴킹혼은 과학과 신학 양쪽의 관점에서 봤을 때, 상당히 통일되고 일관된 틀을 제시한다. 그의 조망과 통찰을 통해서 자연 세계 그리고 자연 세계를 통해서 일하시는 하느님에 대해 독자들은 많은 것을 배울 수 있을 것이다.

이 책은 폴킹혼이 저술한 여러 책의 요약판이라고 할 수 있다. 과학과 신앙에 관련된 다양한 문제들을 밀도 있게 다루는 이 책을 통해 독자들은 주요한 이슈들을 이해하고 정리할 수 있을 것이다. 특히 양자 이론과 카오스 이론에서 끌어온 통찰들을 통해 과학과 신앙의 관계를 이해하는 것은 우리의 좁은 시각을 넓히는 훌륭한 자극과 도움이 되리라 생각한다. 이 책은 또한 비그리스도교인 지성인들에게도 유익할 것이다. 과학자들이 갖는 논리성과 일관성의 기준에 미달하지 않는 폴킹혼의 논거는 그리스도교 신앙을 변증하는 하나의 훌륭한 이야기다.

우종학

쿼크, 카오스, 그리스도교

– 종교와 과학에 관한 질문들

초판 1쇄 | 2021년 7월 30일
2쇄 | 2022년 3월 4일

지은이 | 존 폴킹혼
옮긴이 | 우종학

발행처 | 비아
발행인 | 이길호
편집인 | 김경문
편　집 | 민경찬 · 정다운
검　토 | 손승우 · 황윤하
제　작 | 김진식 · 김진현 · 이난영
재　무 | 이남구
마케팅 | 유병준 · 양지우
디자인 | 손승우

출판등록 | 2020년 7월 14일 제2020-000187호
주　소 | 서울시 강남구 봉은사로 442 75th Avenue 빌딩 7층
주문전화 | 010-7585-1274
이메일 | innuender@gmail.com

ISBN | 979-11-91239-34-8 (03200)
한국어판 저작권 ⓒ 2021 타임교육C&P